【新世紀香港社會研究系列】

中華書局

國境邊陲的
治安與秩序

何家騏 林玉鳳／著

港澳警政
比較

1957 年，警隊高層在警察總部前與「英軍及香港警察周年射擊比賽」的參賽者合照。當年的警務處長麥士維及在 1959 年繼任的希輔皆在其中。當時駐守新界的巴基斯坦警員，他們的制服，和其他警員有點不同。

目錄

序一　港澳警政讀後有感

文／章光明

　　西方世界在歷經啟蒙運動、工業革命之後，有能力於十九世紀開啟帝國主義的侵略行動；而東方社會的制度呈現不穩定狀態，開始尋求變遷，人類社會展開一條線性發展的現代化路線。

　　對照東亞的中國與日本，日本當時的條件優於中國。江戶時代（1603-1867），「幕藩體制」所持有的中央集權與地方分權兼容的二元體制和等級制度為封建時代市場經濟的發展準備了前提條件，彼時日本的制度變遷為明治維新後的發展奠定了基礎。十九世紀中葉的日本，隨着西方帝國主義的入侵和幕府的統治，日本社會以為，源於中國文化的制度設計已不可行，因而接受以福澤諭吉為代表的「脫亞入歐」思想，廢除幕府，建立由天皇控制政權的封建軍國主義國家。西方國家的警察制度伴隨工業革命之後的社會需求而生，日本明治維新展開大體上的西化改革，並在江戶時代休養生息的基礎上，使日本迅速建立起現代化工業、現代化教育、現代化軍隊，當然，也包括現代化法律和警察。在經濟上，軍國主義思想固使資本主義迅速發展，在政治上卻擴大忠君思想，強化君主的權力。在這樣的環境下，警察也變遷為一套高度中央集權的制度，這套現代化警察制度一直維持到二戰結束之前。日本曾於 1895 至 1945 殖民台灣，在台灣這個殖民地上，警察與傳統中國的保甲制，乃其穩定社會的重要手段。二戰後的日本，美軍壓境，由上而下推行民主體制，日本人民也因軍國主義帶來的災難而思變遷，警察制度在新憲法的引進下，強化分權與中立精神。美國佔領軍政權離開後，

日本雖因文化因素，再將警察制度部分地拉向中央，然民主警政精神仍在。

　　相對於日本，十九世紀的中國清朝政府卻是腐敗無能的，太平天國之亂即是社會企圖由下而上尋求制度變遷的徵兆，然變遷之途相對艱難。同屬中國文化背景的台灣、大陸、香港、澳門四地的歷史際遇及期間建構出的警察制度又存在差異，從歷史制度的角度，其差異都要從歷史的軌跡與重要時刻的決策加以觀察：台灣方面，歷經 1895-1945 的日本殖民，復以源自辛亥革命、北洋與南京政府，再播遷來台的國民黨政權，從戒嚴到解嚴，從威權到民主；大陸地區方面，自 1921 年共產黨成立後，國共兩黨幾經分合，終於在 1949 年建國，歷文化大革命而改革開放，迄於崛起；香港方面，自 1842 年鴉片戰爭後所簽訂南京條約割讓給英國，二戰期間曾遭日本短暫統治，戰後於 1967 年因文革引發「六七暴動」，1997 年回歸；澳門方面，葡萄牙自地理大發現期間即在澳門活動，自香港被英國佔據並開通，澳門的國際貿易地位下滑，1887 年清政府與葡萄牙簽訂中葡和好通商條約，承認葡萄牙的佔領權，1966 年發生「一二‧三事件」，於 1999 年回歸。

　　在四地不同的歷史際遇中，中國現代化警察制度起於租界地上，西方不同國家在其租界建立起現代化的制度，包括現代化警察制度。後經清末的變法與新政，至北洋政府，中央開始建設現代警制。期間軍閥割據，警察制度又呈混亂。直到 1936 年中央警官學校成立，現代化警政制度初將成型之際，復因內戰，暫告中斷。此期間，來自社會由下而上的需求頗高，但因政權未臻穩定，現代化警察制度斷斷續續發展，終未由上而下形成完善的制度設計。

　　警察的制度轉型工作，直到國民黨政府來台之後方才穩定。1949年之後，台灣歷經硬式威權、軟式威權、民主發軔再至數度輪政的民主鞏固等階段，此期間，培養警察幹部的中央警官學校在台復校（現為警大），訓練基層警察專業人才的台灣省警察訓練所（現為警專）更在二戰後旋即設立，開啟警政發展。組織上，先有內政部警政司及台灣省警務處的設置，至 1972 年成立警政署。在 1990 年以後，由警察專業

人士出任署長，在此之前的警政署長和警務處長皆由軍人擔任；解嚴之後，戶政、消防、海巡、移民分別自警政署獨立而出。業務功能方面，由軍官時期的秩序維護，到執法功能的發揚，再到近年以來警察服務滿意度的屢獲肯定。處理集會遊行方面，從禁止集會，到警察「打不還手、罵不還口」的處理原則，歷集會遊行法的通過，復有保障合法、取締非法、防制暴力的制度建構。法治方面，大法官於軟式威權的過渡階段首度針對「違警罰法」作出違憲解釋，爾後更多有關警察法律的解釋紛紛出籠。以上各方面警政改革，展現台灣社會載體政治發展歷程。

不同於國民黨在大陸時期即採取相對現代化專業官僚的警政路線，中共自建黨在農村根據地開始即採取不同的路徑選擇。共產黨選擇的是群眾路線，強調「專群合一」。1949 年中共建國仍維持着這樣的路線，依靠群眾組織，如農村治安員、城市治保會、國有企業的內保等非正式機制，遵循「條塊結合、以塊為主」的政策，警察人口比極低。1970 年代末期以後進入改革初期，市場經濟、社會結構與社會意識產生中國史無前例的大轉型，農村人民公社體制解體，城市單位體制功能下降，曾經以反官僚壓迫動員群眾投入社會主義建設的共產黨，難以接受凌駕在人民之外的超大規模警察國家。九十年代以來，則採取「集權的簡約治理」（centralized minimalism）。因 1994 年稅制改革以前，中央政府的財政捉襟見肘，分權各省降低了中央單方面承受轉型的社會安全風險和成本，此時公安警察高度分權，導致對龐大執法體系缺乏必要的監督，然分權強化了地方公安警察與地方黨委的政治連結，國家缺乏足夠的強制資源與能力應對日益上升的社會犯罪。進入二十一世紀以後，中共在中央層次為強制體系的調整與發展創造更多的制度與政策資源（維穩經費在 2010 左右超過解放軍），強制體制正從徹底的分權化體制向適度的行政集權化轉變，公安部業務管轄擴大、強化區域執法合作（全國分七個區），正規警力增長快速，各種改革形式在各地展開（機關撤立型、警種組合型、警務理念型），基層派出所改革亦加速進行，他們參考台灣警政署警政白皮書，伴隨新公共管理與社區警務理念，加速改革，增加預算經費、警力配置與民警待遇，強調公安信息化、執法規範

化，同時進行考試用人與公安院校教育改革。而政法委、綜治委、維穩辦的功能強化說明「公、檢、法、司、安」刑事司法體系中公安的突出地位。

以上有關中國大陸與台灣警察歷史的研究，有其學群，同屬華人社會的香港與澳門則尚乏從學術角度有系統地介紹其警察歷史，本文作者可說是先驅者，有了這本介紹港澳警政的專書，四地華人社會之間的警政比較研究，乃成可能。

根據作者的介紹，香港警察歷史發展可分三個階段：1960 以前殖民期、其後殖民期至 1997 年回歸及回歸後警政。英國殖民初期，香港警察是參照愛爾蘭的「殖民警察模式」，而非倫敦大都會警察的民警模式。因而，香港警隊由成立始即具有半軍事化、中央集權、可以武力執法的警察，同時亦是上下分層的治理模式。彼時，香港警察的正當性不來自民眾的支持。二次大戰後，香港並沒有步向英國對待其他殖民地（助其獨立）的方向發展，雖招募了更多的華人擔任基層警員，警察和市民關係依然疏離。簡言之，在這個階段的警政特色是維護英國（殖民母國）利益、正式的警察組織（控制機制）、低階的華人警察、封閉式訓練體系。1956 年的「雙十暴動」和 1967 年的「六七暴動」，開啟英國改革香港警察的契機。1974 年廉政公署成立，嚴厲打擊警隊貪污，導致警察反擊，引發了 1977 年的警廉衝突。其後，一連串措施展開，包括「社區警政」措施，積極加強與社區聯繫，強化內部監察機制，提升警察人員素質，暢通升遷管道，逐漸成為一支受到市民認可的專業執法隊伍。1994 年更隨着政府的「新公共管理」理念而推出「服務為本」的口號。析言之，殖民後期的警政改革乃便於統治的警民關係，以及打貪（廉政）帶來高的民調（外來政權的弔詭）。1997 年香港回歸中國，警隊因而重新名為「香港警察」。而自 2003 年的「七一大遊行」起，及 2006 年後「本土」社運的興起與集會活動，至 2014 年的雨傘革命和 2019 年的反送中運動，卻再度考驗香港警察的專業智慧。

自十六世紀起，葡萄牙人便不同程度地管治澳門，澳葡及港英都以殖民心態建構警政系統，殖民起初，澳門由葡萄牙的軍事人員所管理，

軍官擔任了治安警察局的領導工作，基層警員多為華人，普遍教育程度有限，且訓練不足。直到 1857 年，治安警察的編制才正式制度化。澳門在 1960 年成立司法警察局，或謂司法警察的成立代表澳督和葡國政府對治安警察的不信任，治安警察和司法警察兩支隊伍互不隸屬，又獨立運作，顯然出現互不信任、猜疑等問題。澳葡時期警察工作的另一個問題是，非本地軍事領導幹部和當地社會存在着明顯的距離。二戰以後，同樣受到中國大陸文化大革命影響的 1966 年的「一二‧三事件」是澳葡政府管治的轉捩點，然未若港英政府發起的警察改革，在澳門回歸前，無論政府或警察都未曾走向專業化，本地化亦十分緩慢，經濟衰退，治安成效不彰，治安警察直至 1996 年才出現第一個非軍人出身的首長。這些都和葡國狀況及國政有關，1974 年葡萄牙爆發「康乃馨革命」，新政府宣佈放棄其海外殖民地主權，澳門亦不例外，顯見葡國已無心經營澳門。回歸後，2001 年澳門成立警察總局，企圖整合治安和司法兩支警察隊伍，調整警員薪俸，提升專業水準，加強內部溝通，增加警察的公眾透明度，並試圖通過加強政府和社區之間的連繫重新定義國家與社會之間的關係。

本書作者以歷史制度論作為貫穿並扣連全書的脈絡，認為任何當下的制度架構並不可能是憑空出現或設計，而是建構在歷史之上。在每個歷史時間點出現的事件，行動者都會受到各地的社會、文化與政治結構而作出決定或變革，從而影響與限制了下一次的決策，所以每個地方的制度都必有其路徑依賴。從這個角度，自不難解釋香港及澳門兩地發展出相當不同的制度特色。同樣有被殖民經驗的台灣，殖民者的心態固然相同，然殖民台灣的日本原屬中國儒家文化，和英葡兩國的西方國家對東方社會的理解或有不同，表現在殖民地社會的警政比較，也有其意義。

台灣、大陸、香港、澳門四地亦有其相同之處，乃因四地均屬華人社會，在個人融入團體的中國社會，較強調警察非正式地進入社區生活之中；東方國家習於道德訴求，此一道德文化趨勢在東方社會中已有被人格化（personalized moral suasion）的傾向；東方文化受到儒家人

性本善與禮教的影響，中國傳統的道德原則（moral tenets）與忠於團體的倫理信念，成為社會控制的主力；在社會關係上，東方社會具有強烈的家庭觀、家長主義及團體依存關係，尊長敬師，重視階級；東方人願意忍受警察對民眾生活的介入與社會控制。

　　東方社會是否有別與西方社會的運作模式，或將朝向美國政治學家福山所謂歷史終結的西方現代化路徑，而呈線性發展模式？社區警政卻似提醒吾人，就連西方警政也在做非線性的演進：非線性地徘徊在正式代理國家的執法者和帶有強烈地方政治色彩的參與者之間；中央與地方之間的選擇；正式警職人員與民間化警力（civilianization）之間的選擇；警察權的集中化（基層派出所多元任務）或除警察化之間的選擇。比較警政的研究，何其有趣！何其重要！

亞洲警察研究協會（Asian Association of Police Studies）會長

章光明

序二 社會、歷史環境與 港澳警政演變

文／鄭華君

　　香港教育大學何家騏博士與澳門大學林玉鳳博士兩位學者，多年來研究港澳警政歷史，尤其是警政與社會之間錯綜複雜的微妙的關係，成果卓越。這一次他們二人首次合作撰寫了這部以通俗為目的，又不失學術研究的嚴謹的關於港澳兩地警政的比較歷史，讓廣大讀者和我們不在這個專業之內的外行人，有機會對與我們日常生活息息相關的一個極其重要的社會生活範疇，作進一步有條理性的認知、理解和思索，兩位作者的貢獻實在不菲。

　　正如兩位作者指出，警政是市民「無法選擇，自然享有」的服務，但就因為它是不能拒絕的強加項目，所以兩地的社會和學術界同樣地長期對警政、警務缺乏重視和認識，本身就是一個十分值得探討的問題。當然，警政受市民大眾忽視，與其本身的一些社會現實不無關係。如果說警務工作的首要任務是維持社會安全和秩序的話，那麼在一個相對安定和開放的社會環境裏，警務工作自然不會是市民日常生活需要關注的焦點。另一方面，警務工作固然是有服務性質，但它始終是政府監督社會的工具，工作範疇上無疑有一定的敏感性和不透明的需要和慣性。兩位作者也提及，政府和警務機關對外界對於警政警務的探求，一貫抱有「不重視」、「不方便」、「不需要」的態度；這個事實，其實並不奇怪。

歷史時間與社會內容

但兩位作者並不願意滿足於這樣平面的提法，他們撰寫本書的用意是，我們若希望對警政、警務這個極其重要的課題取得有認知意義的理解，必須仔細地把它放回歷史脈絡裏分析和衡量；不但如此，港澳兩地因為某些特殊原因，有着一些相類的歷史經驗，這無疑是造就了比較歷史學作為理解兩地警政、警務的分析工具的一個近乎完美的場合。兩位作者把港澳警政相提並論，原因並不單是港澳二地在地理上的毗鄰，而更是因為在歷史大脈絡的廣角鏡下，進行對比工作，將會給予我們更豐厚、更圓滿、更能引發思索的理解和認知，亦即是說，兩位作者要求我們用心留意歷史時間在認知上給我們的豐厚意義。

歷史並不是簡單地指謂時間的先後次序，作為一個認知框架，在概念上歷史時間與我們日常生活所經驗的時間須予以分別。簡單的說，歷史時間是特別的表示它承載的社會內容，兩者之間是一種連貫的、不可分割的關係。當然，不是所有社會內容都有同樣的歷史價值，某些社會內容在現實社會生活中產生了更大更久更深遠的影響。但要認識這影響，衡量其層次、遠近，只有把這些內容放在時間的框架上才能顯現出來。這是兩位作者給我們的一項重要啟示。

殖民管治下的警政

港澳兩地，尤其是澳門，皆有一段悠久的殖民歷史。兩地自有警政以來，直至二十世紀末，長時期地表現着由兩地殖民經驗相連互扣而衍生出來的富有特色的社會內容。

正如兩位作者指出，在制度上，香港自英治時期警務就以中央集權的形式運作；相對來說，澳葡統治下的警政，至少自 1960 年開始，是由治安警察和司法警察「兩個互不隸屬的獨立執法機構」來負責。但從統治權的目的，行使權力的集中、分配和運作上來看，兩地其實沒有多大分別，警政都是旨在服務宗主國的殖民現狀的維護和延續。

　　這個歷史脈絡讓我們更加了解兩地警政某些具體的社會內容。舉個例子，無論是港英或澳葡時期，兩地警政皆是一種軍事或基本上是軍事的組織。何、林兩位作者清楚指出，香港警隊的組成是根據英國在愛爾蘭的殖民警隊模式，是一支「維護英人的人身安全及利益」的半軍事化隊伍，故此其組織架構內表現了非常明顯的「類軍事概念」。澳門最初的「警務」，早自 1691 年，就是由葡國士兵擔任巡邏，要到 1914 年警員部門才從軍隊中分離出來，直至 1996 年才出現第一個非軍人出生的首長。

　　警務以軍事性質為主導，很明顯地表現了它的維持殖民現狀的目的性，在這個大前提下，治警權的把握自然是極端重要的。以香港為例，警政組織的最高領導層及各級指揮官必須由有忠誠保證的從英國或英屬殖民地招聘來的「自己人」擔任，這點不難理解；同樣的在澳門，澳葡時期警政組織亦皆以「有軍事或法律背景」的葡籍人士來領導。

　　值得一提的是，無論是香港或澳門，治警權的集中，皆緊密地配合制度上的群組分化來運作。港英時期香港警隊僱用了不少來自印度、巴基斯坦、俄羅斯等地的外籍警察，甚至從中國山東招募來港的警員竟亦是歸屬於這個「外籍」的行列！這種以群組分野為基礎的管治手段，在珠江口對岸的澳門亦無二樣，葡萄牙人長期集居澳門達數百年，產生了在澳門社會出生的葡人群組，這群組一方面既有本地性質，但又異於本地華人；另一方面他們既有葡萄牙血統，但又不能跟從葡萄牙來的葡人官員 ── 尤其是表現在權力享有上的「純正」── 同日而語。在警政方面，相對香港而言，澳葡政府就更能利用澳門社會這種微妙的群組分野來進行和組織。

　　以上種種，即是說殖民時期兩地警政的服務對象並不是生活在香港和澳門的本地華人。事實上，在制度和政策上，警務警政與本地社會之間可以說是有用心地隔離和忽視，導致本地群眾不信任官方的警務系統，甚而需要依靠自己的資源來維持日常生活上的治安訴求。何、林二位對此說得很直截了當：在香港，二次大戰前警隊的任務主要是「保障洋人在其聚居及活動地區的人身安全」，故此警務其實是一種「華洋分

治」的局面，引致在新界出現由民眾自己成立的「更練團」保安隊伍。澳門的情況亦並無二致，民眾極度不信任政府而選擇通過自發組織來處理社會治安問題，儼然是澳門社會生活的一貫傳統。故此兩位作者一針見血的說：「港澳殖民地初期建立的警隊，都不是為當地人服務的警隊，與民疏離。」

去殖民化過程與回歸

隨着殖民時期的過去，港澳兩地警政自然有必要順應新歷史時代的要求，作基本性的改變 —— 其實基本上即是去殖民化的整理和革新，這樣就不能不面對兩地悠久的殖民經驗遺留下來的三個相關的範疇 —— 即上面提到的警政的目的性、服務對象和社會隔離的問題。本書的下半部就是圍繞着這三個範疇，十分詳盡地敍述和分析港澳警政、警務在新時代面對的挑戰和困難。

理論上，港澳的脫離殖民統治，在上世紀九十年代末正式交還主權前經過了一段頗長的過渡期，兩地警政應該有充分的時間和機會，按部就班，有規律、有效率地處置各方面的改變和前進。但正如兩位作者指出，港澳兩地警政在新時代的轉化，一直面對着嚴峻的考驗和挑戰，這些困難尤以香港為甚。原因是甚麼呢？

去殖化和「一國兩制」

港澳兩地的去殖民化，與上世紀二次大戰後全球各地的非殖民化經驗有着很大的不同。港澳並非是脫離殖民宗主國而獨立自治，而是中國主權的重新行使。為了更清晰地分析，我們可以把「事件」和「過程」在觀念上加以區分：港澳兩地主權的移交，分別在 1997 和 1999 年中國五星旗取代英、葡國旗的歷史事件發生時完成，這個事件的基本內容是相對清楚和簡單的；另一方面，因為種種原因，包括長時期殖民統

治遺留下來的歷史現實，港澳兩地的脫離殖民統治，經過了一段相對長時期的醞釀、談判、計劃和部署，然後在主權正式轉移後，在「一國兩制」的原則和框架下繼續一段頗為長期的「五十年不變」的過渡，在性質上回歸是一個持續發展的歷史過程。

在中英、中葡聯合聲明提出的「一國兩制」的理念給予港澳兩地的回歸一個原則性、方向性的導引，而對主權移交後的回歸過程或實踐途徑並沒有提供具體的說明或指示，這是可以理解的，但這也給警政在回歸過渡期的改革帶來難以擺脫的某些不明朗性。加上回歸的本質是一個持續發展的過程，很難避免在過程中出現的歷史變數和能動性，如是種種也是理所當然的。我們看港澳社會，尤其是前者，在重歸中國主權後表現的各種緊張狀態，很大程度上皆可以從這裏追尋起因，自然警政不會是例外。

前去殖民化時期的分歧

九十年代末脫殖後港澳兩地的警政警務面對的挑戰，在性質和複雜程度上有明顯的差異，這現象在一定程度上反映了兩地在當時的歷史進程已有一定的分歧，兩地的社會環境因而亦不一樣。在這個問題上何、林兩位作者用比較歷史的手法有很精要的敘述，值得我們特別留意。

1984 年簽訂的《中英聯合聲明》和 1987 年的《中葡聯合聲明》，正式啟動了港澳兩地脫離殖民統治，重回中國主權的過渡期。但是在聯合聲明簽訂前，自七十年代初開始，有約二十年的時間，港澳兩地在社會、政治、經濟、文化各方面經歷過十分嚴峻和深遠的變化。這些變化，從廣義的歷史角度看，其實已經標誌着兩地去殖方向的開始。我們或者可以把這個時段名之為前去殖化時期。

六十年代末在港澳發生的兩次大型民眾騷動，暴露了長期殖民統治下普羅社會與政府之間的疏離和時隱時現的緊張關係。騷動完結後，港澳兩地政府在反思政局現實上卻表現出兩種完全不同的態度和反應，

直接和間接為日後兩地社會、政治等各範疇 ── 自然包括警政、警務 ── 的發展和改變，在回歸過程中的表現的重大分歧鋪了路。

在香港，經過「六七暴動」後，香港殖民政府明白未來香港管治的穩定性，要視乎能否改善政府與社會之間的疏離和不信任。踏入七十年代，前後十年有多的麥理浩時代，香港政府立意「改變其管治模式」，甚至堅持赤字支出，亦要推行一系列的社會改革政策，包括房屋、教育、文化、勞工、醫療、交通、提升中文成為法定語言等等，有系統地改善社會民生。

這些改革中尤以反貪污最為影響深遠。早在 1968 年港府已有派人到新加坡考察當地的反貪模式，到 1974 年廉政公署成立，香港反貪運動獲得了一個有實效性的制度支持。我們不要低估反貪的深遠社會成效，因為貪污的存在是政府機關、社會機構和工商業務建立任賢制度最緊要的障礙；貪污氾濫，專業化就很難有空間成長和成熟。

香港警政自七十年代開始的各種變化，皆與當時的歷史脈絡緊緊關連。何、林兩位作者亦清楚指出，雖然警隊從沒有脫離效忠英國的本質，但在工作上則增添了社區警務的角色，警政「由原來維持英人在港利益，轉為面對普通市民」，本地社會變成警務的服務對象，這樣就需要專業知識、專業技術和專業制度。

澳門在 1966 年爆發的「一二‧三事件」與較早前在香港的反對天星小輪加價示威，同樣是因為政府的高壓手段激起了民憤，導致事件升級、難以收拾。事件終於平息後，香港政府做了事後調查，即後來的 Hogan 報告，其結論基本上是替七十年代改革勾劃出了原則和方向。澳門的情況就很不同。1967 年 1 月 29 日，澳督嘉樂庇發表聲明，政府就衝突事件負完全責任，對抗議民眾的要求完全讓步。但正如何、林兩位作者所說，葡萄牙在「一二‧三事件」後，「基本上喪失了控制管治澳門的意志」，澳葡政府在澳門似乎決定了採取消極退讓的態度，其實已經是開始了政治撤退。1974 年葡國革命後，葡萄牙進一步放棄殖民管治，承認中國對澳門的主權，澳葡政府在澳門只是扮演一個暫時代管

的角色。

政府的管治撤退留下來的空間，就自然而然地由當時基本上是左派勢力的各種社會、群眾組織填上。這些組織與中國大陸有着「千絲萬縷」的關係，可以說是在澳門以一種特殊中介的角色維持社會運作。但這個「具有澳門特色的『公民社會』」始終不能完全取代一個正常運作的政府的所有功能，於是在澳門就缺乏了適當的政治能力，去思考和處理一些較大的，尤其是方向性的問題，沒能像香港一樣，慢慢地擺脫「借來的地方，借來的時間」的模糊狀態，慢慢地孕育出立根立業的身份認同。

這個前去殖民時期的歷史脈絡，讓我們明白了回歸前數十年間港澳兩地社會 —— 包括警政 —— 發展的分歧，明白為甚麼澳門在七十年代以後，缺乏類似對岸香港的警政專業化的改進，反而要到 1999 年回歸以後，警察組織方開始有較為積極的轉變。

結語

何家騏博士和林玉鳳博士用比較方法分析港澳兩地的警政歷史，是一件十分有價值的工作。警政是錯綜複雜的社會現實的一面，在一定程度上也是社會現實的縮影。兩位作者在本書的探討，堅持時刻不脫離歷史脈絡，不但讓讀者能對港澳兩地警政、警務的發展取得中肯和真確的認識，更給了我們豐富的材料和機會，思索一些更為廣大的問題。

警政是一種制度，而制度不是偶然的事物，它是有主觀目的性的；制度的成立沒有不是為了某些目的而作出某些選擇的結果。因此，研究警政或其他制度的興革，若能把握其目的性，就不難理解它的結構和運作行為。

隨着社會環境的變遷，制度亦不會一成不變；環境不同了，就有需要調整制度的組織和運作，甚至重新衡量制度的目的。但制度本身亦不能避免地含有一定的保守性，制度的內在慣性往往是應時而變的重大阻

力，亦即是說制度與社會、歷史環境之間經常存在着一些因為未盡協調而出現的緊張關係。這些緊張關係的常態是潛在的，但喜歡研讀歷史的人都知道，這些緊張關係在某些情況或環境下發生的具體表現，是給我們窺看錯綜複雜的社會現實難得的機會。所以我們探討港澳兩地警政的興替演變，同時也讓我們更能認識社會、歷史的一些真相。

澳門聖若瑟大學人文學院副教授

鄭華君

序三　為甚麼要寫這本書？

文／何家騏

　　記得有一次，和一位警政研究的資深學者交流，我問：「如果有朋友問我，警察研究有何重要，我怎樣可以在三言兩語之間，給對方解釋清楚？」他的回答很清楚，無論你在何方，貧窮富有，警政是所有市民都無可選擇而必須「享用」的服務。

　　有趣的是，這個普羅市民「無可選擇，自然享有」的服務，明明跟大家的生活離得很近，公眾很多時卻不甚了解，更不會探究其獨特性。一般市民對警隊和警察制度的觀感，靠的是電視、電影中的光影資訊，又或是和警隊的有限接觸；至於警隊中人，雖然理論上應該對警隊的資訊瞭如指掌，實際上卻是警員在前線拼搏的時間多，對警隊整個龐大架構的歷史及發展所知有限。這是我對警政研究充滿興趣的原因，因為無知，更希望了解這些明明我們每天在街角都能碰見的陌生人，支援和管理他們的整個系統，以及這個系統和社會的關係。

　　雖然警察的歷史可以長達數百年，但警政研究（Policing Studies）或警察學 (Police Science) 只是第二次世界大戰後才在歐洲和美國興起的學科 [1]。這個學科過去半世紀在西半球漸次發展，在東半球卻鮮少被提

1　Jaschke et al. *Perspectives of Police Science in Europe* (Budapest, Hungary: European Police College, 2007), p.3.

及，相關的華文著作更是鳳毛麟角[2]。而且，亞洲不少地區都曾經受殖民統治，在市民的眼中，警務機關總是帶着一點威權及神秘的色彩，部門運作不甚透明，而部門內的人員培訓、管理、行動及發展策略等工作，都由內部人員包攬，很少引入公民代表或學者的意見。這種歷史的沿革，使警務機關與市民疏離，殖民統治也使他們在制度上不用對市民問責。政府及警政機關在面對社會對警察歷史及警務工作提供解釋或記錄的訴求時，長期抱着「不方便」及「不需要」的態度，一方面覺得公開資料會妨礙他們執行職務而帶來「不方便」，另一方面則認為警隊是一執法機關，行動為主，最主要的都是行動，不需要「被人研究」，不應該「整理檔案」及「向公眾交代理念」，這項任務交由公共關係科處理好了，也不需要聘用全職人員處理。當警方長期以「不方便」及「不需要」為理由不積極研究，最終市民和學者都會在長期缺乏資訊的情況下選擇「不重視」。

過去十數年，隨着亞洲各地進入後殖民年代，加上資訊流通，公民社會興起，警隊與社會的接觸日益頻繁，爭議亦隨之增加，警隊的工作直接暴露在大眾的眼簾下，令社會對警隊的資訊需求出現變化。警察的歷史、警察制度以及各種警務工作的議題，即使不是市民最關注的議題，但每當社會有大型的治安事故發生，市民又會急欲尋找警政方面的資料，嘗試更深入理解事件。只是他們每每發現，無論學術及普及讀物的警政分析文章，大多集中在歐美社會的個案分析，以亞洲社會為主體的研究非常缺乏。而且，即使不少亞洲國家及地區都可以見到警察大學的蹤影，但它們多由政府直接管理，是專門培訓警務人員的學院，並非純粹學術機構。在一般綜合型大學內，專門研究警政的學者不多，大學

2　有關香港警察歷史的學術著作不算太少，但大多都是由警察官方出版，屬編年式的敍述；或由退役人員撰寫，是比較個人化的回憶錄。學者撰寫，多為個別警務工作的專題分析，而本書筆者的中英文著作，其實已經算是當前學界對警隊歷史發展比較全面的論述。澳門方面，除了一本中文學術書籍外，有關警隊架構及歷史發展的分析，基本上付之闕如。

沒有「警察學」的設置，只有社會學、犯罪學或公共行政學系的個別科目有機會涉獵到警政議題。更重要的是，目前的東亞學界，為數極少的警政研究人員卻多數具有警察背景，傾向從自身接觸實務的角度分析警務工作，所以市面上可以讀到的以非警務人員為主要對象的警政研究作品少之又少。我們的目標，正是為普羅讀者提供一本參考讀物，給他們認識香港和澳門 —— 這兩支在中國國境邊陲的警隊。

香港

2019 年 2 月

序四　警政研究與澳門

文／林玉鳳

　　對於警政研究，我本來是個門外漢。2010 至 2011 年之間，當時我正在進行有關澳門「一二‧三事件」的研究，當中有專門分析殖民管治手段的章節，因為內容論及警察和澳門市民的衝突，已故史丹福大學胡佛研究所陳明銶教授知道以後，即穿針引線，着專門從事警政研究的何家騏教授跟我聯絡，促成了我們的再認識。說是再認識，因為我們本來是澳門大學社會科學院的同事，但認識不深，原來只是點頭之交。當年經過陳明銶教授的推薦，我們有好幾次長時間交談，討論可以如何合作。經何家騏教授解讀，我才發現澳門警政研究幾乎是一片荒地，沒有多少人認真研究過，因為對澳門的歷史都有興趣，我就應何家騏教授的邀請，加入他的港澳警政研究項目。

　　對於澳門的警政問題，我一開始關心的有兩個層面：一是澳門警察多年來的形象轉變，這個與我自己所在的傳播學關係較為密切；另一個是殖民地管治對澳門的警察組織有何影響，這是我對澳門歷史的一個思考方向，因為在澳門，關於殖民地以及後殖民過程的討論非常的少，基於自己的一些已有研究，我覺得澳門的警隊是了解澳門殖民管治演變的重要切入點。我從 1966 年澳門「一二‧三事件」的研究當中，了解到澳葡時代的警察，曾經被示威群眾視為殖民政權壓迫人民的象徵，不少文獻都曾經記載，當年市政廳的市政警察被市民稱為「查牌鬼」，他們執法時對待平民的欺壓手段是市民上街的一個原因；我在不少訪談中也發現，警察在事件發生後成為群眾發泄對政府不滿的一個主要對象，因

為他們是殖民管治的重要符號。這些事前研究所得的印象,加上回歸前香港電影等等流行文化將澳門警隊描述為腐敗無能的夕陽殖民政府的象徵,令我覺得澳門的警政研究可以說明非常多的澳門變革問題。

後來,因為研究,從何家騏教授的著述中認識到香港警政制度的變革,更加深了我對澳門警政制度與殖民管治的思考。例如,與香港回歸前的港督通常有個「爵士」銜頭不一樣,澳門歷史上的總督大多數是軍人出身,像回歸前的末代澳督 —— 韋奇立,他的官職名稱,其實是將軍,在官方場合他是被稱呼為「韋奇立將軍」的。澳門歷史上的非軍人總督數目很少,二十世紀較為有名的一位非軍人總督 —— 文禮治,他的管治在澳門被稱為「文人管治」時期。而且,澳門的警察長期被稱為「軍事化人員」,他們在法律上也一直被定義為軍事化人員,直至 2018年年底,澳門特區政府才向立法會提交法案明確說明警察不再是軍事化人員。「軍事化人員」與「軍隊」究竟有何差異?他們如何影響澳門的警察角色?這些概念的變遷反映了殖民管治的何種變革?這種種基於港澳兩地的比較研究才發現的澳門特點,讓我非常雀躍。因為,我們很少從後殖民管治的角度去分析港澳兩地的制度和社會變遷,警隊作為政府權力的一個非常重要象徵,其演化可以說明很多有趣的問題。我希望這本書可以讓大家讀到平日不易讀到的港澳警政制度發展的歷史、它們之間的差異以及差異背後的殖民管治思維的分別、港澳兩地的後殖民過程以及「一國兩制」實踐後,港澳社會因應警政制度的不同而彰顯的變遷。

澳門

2019 年 5 月

第一章·
導論

港澳警政研究現況

目前有關香港警政歷史的中英文獻，主要可以分為三類，一是資料性內容，二是人物訪談或回憶類型的，三是具有官方提供資料的較為完整的歷史記錄。政府年報、警務處年報，以及主要給警務人員閱讀的《警聲》，這些公眾可參閱的資料，屬於第一類的資料性內容。文獻通常只提供政策或數據，再輔以簡單的數據分析，很少深入的論點與分析。第二類通常由記者或退役警務人員撰寫，規格類近「回憶錄」或「口述史」，通常以一位執法者等的個人經歷側面反映警隊的變化。第三類的數量很少，如果以警方官方正式名義出版的警隊歷史刊物，其實只有《警隊博物館》，該書在 1998 年出版，2008 年修訂；另外有數冊屬於由警隊官方提供資料，記者或前警務人員撰寫的書籍，例如冼樂嘉

（1983）的《亞洲最優秀：香港警隊》；冼樂嘉和吳國璋（1997）合著的《亞洲最優秀：繼續昂然邁步向前》；Ward, I.（1999）的《香港水警》等等，這些都是以官方資料或口述歷史為主，行文觀點比較貼近官方論述。除此以外，就是其他零星著作，像學生修讀大學課程時有關香港警察歷史的碩士論文。至於探討香港警政制度或歷史沿革的學術著作，可說是乏善可陳。[1]

澳門方面，從警政社會學的角度分析，澳葡殖民地年代的警務工作可說是中國和「盎格魯・撒克遜」(Anglo-Saxon) 刑事司法系統的融合，獨一無二。可是在過去的數百多年，幾乎沒有學者嘗試對此作深入的學術探討，令警政制度的研究及論述極為缺乏。澳門的首間現代大學 —— 澳門大學（前稱「東亞大學」），到了二十世紀的八十年代才成立；而在 1999 年以前，澳門的社會和政治類學術論著也非常少，除了本書兩位作者近年合著的論文外 [2]，至今曾經較全面地論述澳門警務工作

---

1   香港警政研究最新出版的幾本著作：1) Crisswell, C. & Watson, M., *The Royal Hong Kong Police (1941-1945)* (Hong Kong: Macmillan, 1982).（主要回顧第二次世界大戰前的香港警隊發展）；2) Emmett, C., *Hong Kong Policeman: Law, Life and Death on the Streets of Hong Kong: An English Police Inspector Tells it as it was* (Hong Kong: Earnshaw Books, 2014).（退休外籍警隊督察的回憶錄）；3) Ho, Lawrence Ka-ki & Chu, YC, *Policing Hong Kong, 1842-1969: Insider's Stories* (Hong Kong : City University of Hong Kong Press, 2012).（警隊由 1842 年建立到 1969 年的發展口述歷史）；4) Wong, K.C., *Policing in Hong Kong: History and Reform* (Florida: CRC Press, 2015).（前警務督察對香港警隊制度及運作的技術分析）。

2   我們從 2010 起開始進行港澳警察歷史及制度變革的比較研究，曾先後發表了幾篇學術論文，收錄在學術專書及專業期刊內。1) Ho, Lawrence Ka-ki & Lam, Agnes I. F., "Policing in Macau: From Portuguese Colony to China's SAR", in O' Reilly & Conor ed., *Colonial Policing & The Transnational Legacy - The Global Dynamics of Policing across the Lusophone Community* (London: Routledge, 2017). 2) Ho, Lawrence K. K., "Policing in Hong Kong and Macau: Transformations from the Colonial to Special Administrative Region", in Campbell, J. & Miller, V. ed., *Transnational Penal Cultures: New Perspectives on Discipline, Punishment and Desistance* (London: Routledge, 2014). 3) Ho, Lawrence K. K. & Lam, Agnes I. F., "Transformation of Macau Policing: From Portuguese Colony to China's SAR", *Crime, Law and Social Change,* 61(4)(2014), pp.417-437. 4) 林玉鳳、何家騏：〈澳門警政：從葡萄牙殖民地到澳門特別行政區〉，《中央警察大學學報 (Journal of Central Police University)》，51（2014），頁 101-123。

的，只有兩篇論文，當中一篇為香港大學的碩士論文 ——《澳門警察與警政》(Police and Policing in Macau)，另一篇為論述澳葡過渡到特區期間的警隊架構重組的文章，兩篇文章都可令讀者對澳門警務概況有非常基本的認識，但兩文未有對制度的歷史沿革、含義以至警方執行任務時的特色有比較深入的分析。其他澳門本地出版的刊物，雖然在公共行政的範疇內偶有談及警政系統，但警政內容並非研究主體，參考價值有限。[3]

港澳兩種殖民地的警政制度

港澳警察制度都繼承了其前殖民地的管治模式，但卻並非理所當然的簡單「英國模式」及「葡萄牙模式」。香港和澳門的警政系統本身有巨大差異，而且無論在概念、運作及執行上，都和宗主國本土的警政系統不盡相同。而且，受亞洲和中國的地緣政治變化的影響，港澳警察制度和英、葡兩國的其他殖民地亦有差異。香港和新加坡、馬來西亞、澳洲的警政系統都源自英式的普通法制度，但二次大戰後各地各有不同的發展軌跡。澳門作為葡萄牙的殖民地，她的警政系統，也和其他葡國殖民地不完全一樣。

當前警政系統的學術研究，多以西方民主國家的社會控制系統分析為藍本，建構出兩個主要論述。第一個可以稱為「強制監管」(Policing by coercion)，意即政府為了確保國家的和平與秩序，把警務工作的重點放在武力和控制。為了達到這個目標，政府會建立一個強而有力的執法機構來管理公共秩序。警方往往作為一個軍隊或半軍事部隊 (Para-military Force)，使用武力來控制那些打算破壞政府所建立的社會秩序

3　有關澳門警務歷史發展，官方在 1996 年曾經出版《澳門保安部隊 —— 治安警察廳》一書。而在 1999 年回歸中國前，澳門保安部隊亦出版了另一本書，回顧澳門保安部隊的發展史。

的人。在這個論述之下，自治的公民組織並不存在，警方和民眾之間有明顯的隔閡。因此，警隊與民眾之間的互動相當有限。第二個論述可以被稱為「認可治理」(Policing by consent)，警方與市民之間的合作關係是重點，警方被理解為是向公眾提供服務的機構。警隊不是軍隊，而是一個與公民保持密切聯繫的部門，其目標是確保社區生活順利進行。武力能免則免，槍支不是警員履行一般責任的必要工具。[4]

殖民地的警務工作通常被假設為遵循「強制監管」模式，是殖民地領袖利用硬實力（武力）和軟實力（專制立法）確保一個政權在殖民地的利益的管治方式。不過，最近的一些研究已經開始把這種假設視為反殖民主義偏見或對殖民地警務工作的過度詮釋。有研究認為，殖民地領袖在管理殖民地時不一定採用強制監管模式。例如，有殖民政府會使用「分而治之」的策略，避免與當地社區對抗，以誇大殖民管治的有效性。

香港警察在 1997 年前是殖民地警隊，也是一個龐大的官僚機構，為香港政府最大的部門。香港警隊相對亞洲其他地區的警隊，嚴重貪污攬權的情況較少，這是歷來研究者關心的一個現象：究竟港英政府用了甚麼具體方法使警隊的專業化及廉潔程度走在亞洲前列？其實在港英殖民地早期，華洋分隔，警察水平低落，加上「好仔唔當差」的心態影響，華籍警員的質素尤其參差。當時的市民對警隊也沒有甚麼期望，有需要也未必一定找警方幫忙。洋人領導也不見得特別優秀，他們對華人下屬亦缺乏信任。這個情況在二次大戰後英國重新管治香港後才有比

---

4   Brogden (1987) 把世界國地警政系統概分為兩個基本的模式：「強制監管」(Policing by coercion)，意即政府為了確保國家的和平與秩序，把警務工作的重點放在武力和控制 (Sinclair, 2006)；「認可治理」(Policing by consent) (Alderson, 1979) 則強調警方與市民之間的合作關係，警方被理解為是向公眾提供服務的機構。警隊不是軍隊，而是一個與公民保持密切聯繫的部門，其目標是確保社區生活順利進行。武力能免則免，槍支對警員履行一般責任來說也不是必須的。

較明顯的變化，特別是港府因應 1967 年的「六七暴動」，在二十世紀七十年代進行了一系列管治改革，當中包括成立廉政公署等，令人相信香港政府採取的「高薪養廉」手法，從制度上提高了警務人員貪腐行為的機會成本。有些學者則強調七十年代後，除了警隊及政府公務員系統推出的內部監察機制行之有效，新入職的警務人員質素普遍提高，再加上架構改革令警務人員獲晉升的機會大大增加，杜絕了香港警隊的集團性貪污，成功扭轉了警隊在六七十年代以前聲名狼藉的腐敗形象。

澳門由葡萄牙人管治的四百多年，警政制度曾經因應葡萄牙的殖民管治方式、歐洲警察體系的變化以及中國的地緣政治因素，出現過非常多樣的變化。澳門現行的制度，在二十世紀六十年代建立，那是刑事司法系統繼承了大陸法系 (Continental Law System) 特色影響的警察制度，政府設了兩個獨立運作、互不隸屬的治安管理部門：司法警察（Polícia Judiciária，簡稱「PJ」）和治安警察（Polícia de Segurança Pública，簡稱「PSP」），分別負責刑事調查及日常治安管理的工作。它們都由具備軍事或法律專業背景的葡裔人員統領，在不同歷史時期，由在澳門出生的葡萄牙人和中葡混血的土生葡人、華人以及來自印度等其他地方人士為主的中層和基層警員組成。澳葡殖民政府在澳門管治了四百多年，早期中葡分治，曾經長時間施行了所謂「自由放任」的警務理念，華洋分治，警民關係疏離，大眾普遍懷疑警隊的專業水平、能力和可靠性。雖然很多學者認為 1966 年的澳門「一二・三事件」是澳葡政府管治的轉捩點，可是，當中的轉變和香港經歷 1967 年的「六七暴動」後出現的轉變非常不一樣。在澳門，無論政府或警隊都沒有因為六十年代的澳門「一二・三事件」走向「專業化」，而且即使在八十年代中，中葡雙方確定了澳門將在 1999 年回歸中國，葡方所推行的「本地化」政策仍然十分緩慢，加上經濟衰退和社會治安不靖，澳門警隊腐敗無能的形象更見突出。這個情況直至回歸後才見明顯改善。

本書特色及章節編排

　　港澳兩地居民雖然接觸頻繁，但對彼岸甚至自家的警務制度，經常有不少疑問。這些疑問，其實都是環繞着兩地警隊的組織特色及歷史發展而來，例如：

- 很多人認為香港警察過去一陣子是亞洲最專業及廉潔的警隊，回歸以後還是嗎？甚麼因素令到它的反腐工作那麼成功？
- 電影中不時有對白說過去「好仔不當差」，當年警察被視為苦差，部門腐敗嚴重，人員社會地位低。為何現在很多大學畢業生加入警隊？為甚麼突然改變了？
- 港英殖民地時代的皇家香港警察是「去政治化」的執法者嗎？現在特區的香港警察「政治中立」嗎？
- 為甚麼香港華人警察能接受歧視性的人事安排，甘於當洋人警官的下屬？
- 為甚麼香港有很多女警官，她們是從事文職部門的工作嗎？為甚麼好像電影情節般主要當男性同僚的副手？
- 澳門為甚麼有兩支警隊？他們的具體分工如何？
- 為甚麼澳葡時代警隊好像跟民眾比較疏離，他們的執法能力又經常受到質疑？
- 很多人認為澳門在「過渡期」內治安不靖，警隊專業化的進程緩慢，原因為何？
- 為甚麼司警可以曾經兼任法官？
- 當年葡國人的領導為甚麼好像很不濟，令澳門市民期望早日回歸？
- 為甚麼當年人員本地化未能達到應有的速度及效果？這對當前澳門警政格局有甚麼影響？
- 回歸前有港人在澳門犯案，澳門警方應根據甚麼程序，

把疑犯遞解回香港，需要驚動里斯本及倫敦的外交層
面嗎？

● 香港、澳門警隊在回歸後面對甚麼挑戰？在專業的領域
上，兩地警隊如何發展，又如何在新的時代為自己定位？

這些議題，如要深入了解，即離不開對港澳兩地歷史及政治制度
的回顧和探討。為此，本書希望從歷史視角提供資訊的同時，嘗試對當
下的問題和後續發展提供一個思考的方向。本書希望讀者和我們一起思
考三個問題：首先，1966 及 1967 年至今已經五十年，當然號稱是港
澳社會發展轉捩點的事件，對警察制度究竟帶來何種具體的變化；這些
變化，怎樣用不同的社會科學將其概念化（組織結構、管理哲學及差異
等）。其次，1997 及 1999 年香港及澳門回歸中國的前後，警察制度的
理念、行動的綱領及手法，有沒有不同；如果有，主要的不同是甚麼？
導致不同的原因又是甚麼？最後，回歸後，香港脫離英聯邦，變成中國
的特別行政區；澳門不再為葡萄牙人管治，但亦不再是以往的小漁村，
而是「亞洲的拉斯維加斯」，更在北京的推動下成為中國與葡語系國家
的窗口，兩地在警務工作上，受到何種影響？兩地政府和周邊地區在警
務議題的接觸與合作，有甚麼特別難題？

本書共分為六章，本章以外，第二章主要介紹「皇家香港警察」的
組織特色：殖民地警隊模式、高度中央集權、一體多元、「半軍事化」
編制及管理、七十年代開始的專業化及強化「警民關係」工作等。我們
亦會回顧那些影響香港警隊發展的政經大事，以及簡單剖析促成警隊模
樣的主要因素。第三章則會介紹澳葡時期的警察制度：澳門早期治安管
理與殖民管治的特點、「治安警察廳」及「司法警察司」並存的「雙部隊」
歐陸警政制度特色、軍事管理手法，以及與民眾疏離的警民關係。第四
及第五章，則會轉到「後殖民時期」港澳警隊的變化及挑戰。兩地的警
隊在回歸後，警政環境面對甚麼轉變？他們採取了怎樣的應對手法，效
果如何？最後的第六章，我們會嘗試和讀者分享想法，解釋近年社會上
出現有關警政的爭議，並探討未來發展的趨勢。

第二章・
港英時代:「半軍事化」的
皇家香港警察

英國在成立香港警隊時,參照的是當年的愛爾蘭「殖民警隊模式」,而不是英國的倫敦大都會「民警模式警隊」。因此,香港的警隊由成立開始,即具有半軍事化、中央集權、可以武力執法的特色。同時,香港警隊還實行了多種族與上下分層的治理模式。在整個港英時期,香港警隊歷經數個轉變期,當中有兩次重要的觸發點,分別是二戰前後及 1967 年的「六七暴動」前後,前者令英國獲悉中國不會即時收回香港,後者讓英國政府覺得要改善對香港的管治。在這期間,香港警隊有幾個重要的變化:1949 年中華人民共和國成立後大量難民湧入香港,需要增聘警察,並完善《警察通例》;1956 年的「雙十暴動」暴露了香港警隊只有簡單而欠缺統一標準的防暴訓練與經驗,暴動過後增設了防暴戰術訓練;1966 年「天星小輪暴動」及 1967 年「六七暴動」,香港警隊成功塑造了警察抗暴的人民衛士形象,港英政府着手重組警隊架構及推出一系列政策改善警民關係;1974 年,港英政府成立廉政公

署打擊貪污，引發警廉衝突，後因港督麥理浩頒佈特赦才告平息，政府藉此肅整警隊架構。不過，即使歷經這些歷史事件及對應的決策，警隊初始建立時的特點，仍大部分獲得保留。

香港警察制度溯源

道光二十一年（1841）一月，英軍在香港島登陸，從此，英國人將水坑口的登陸點稱為佔領角（Possession Point），中國人則稱之為「大笪地」。英軍在登陸後翌日在水坑口街舉行升旗禮，英國國旗豎立，標誌着英國佔領香港。1842 年，滿清政府與英國簽訂南京條約，香港島正式成為英帝國的殖民地。當時香港島人口只有約六千人，當中大部分是蜑家漁民及客家燒炭工人，居住在沿岸的貧瘠鄉村。

香港開埠不久，吸引了大批急於在這個新市場做買賣的外國商人湧入，懸掛各國旗幟的船隻停泊在維多利亞港內，貨倉及碼頭如雨後春筍，散佈在小島沿岸。貿易迅速發展，香港隨之興旺，人口急劇上升，然後，酒館、賭窟、鴉片煙館和妓院也在繁忙商業地帶中出現。當時駐港英軍數目並不多，無力維持島上治安，香港打劫搶掠普遍，周邊海域則有猖獗的海盜活動，大小海盜「亦民亦盜」，平時在村落匿藏，有行動才出海掠奪，頗難清剿。雖然港府與清廷多次會剿，但未能將海盜問題徹底解決。

有見及此，當時的駐華商務總監義律 (Charles Elliot) 授權警察裁判司堅偉 (William Caine) 維護香港治安的職責。於是，堅偉着手組織香港警隊，很快招募了自願離開軍隊的英籍和印度籍駐港軍人、外籍水手和華籍人士，組成香港的首個警隊，即一支共有 32 人的非正式的小型警隊。1844 年，《香港法例》第五號條例通過，香港警隊正式成立[1]，從此香港警察在法律授權下執行職務。

1　警察學院：《香港警務工作踏進新世紀》（香港：警察學院，2007），頁 2。

剛建立時，香港警隊共有 171 人，是一支由不同種族人員組成的隊伍，主要以歐籍和印度籍人員為主，輔以少量華籍警察。不過，這支殖民地警隊並不是沿用英國本土的警隊模式。

英國本土的警察制度，是由每個地區各自建立自己的警隊，早期共有二百多支，現在有 52 支（包括英格蘭的 39 隊、威爾斯的 4 隊、蘇格蘭的 8 隊和北愛爾蘭 1 隊）。英國警隊不是中央集權，每支警隊都有警察首長，各自獨立運作。倫敦大都會警隊是唯一一支直接受內政部管轄的警隊，其餘 51 支地方警隊均不受中央指揮，而是向當地議會負責。英國警隊亦不是半軍事化組織，他們是民警，在街道巡邏時並沒有佩槍，大部分英國警察也沒有受過槍械訓練。法律所賦予警隊的權力並不多，只執行與治安和秩序相關的法例，並不介入軍事和政治。英國的警務工作強調在與市民協議下推行，所以英國警隊特別注重社區關係。[2]

愛爾蘭曾在 1801 年至 1922 年被英國管治，英國早於 1822 年即在愛爾蘭建立了「皇家愛爾蘭警隊」(Royal Irish Constabulary)，它是一支半軍事化隊伍，強調中央集權，主要工作是維護英國人在愛爾蘭的利益。英國在海外殖民地發展警隊時，主要參考的是皇家愛爾蘭警隊模式，學者稱為「殖民地警隊模式」。[3] 香港早期的警隊即是如此，像皇家愛爾蘭警隊一樣，中央集權，所有成員都聽命於警務處長，而且全港只

2　當時英國內政部長皮爾 (Robert Peel) 制定了《大都會警察法規》，於 1829 年在國會通過後，便在倫敦正式成立一支有組織的「現代警隊」。他們穿着劃一藍色制服，在倫敦街頭不分日夜分班巡邏。警隊正式成為政府的執法機關，而警察也變為一種職業，政府按規定向他們支付薪酬。英國的警察的英文名稱就叫做「Police Constable」，簡稱「PC」。當年的警察總部設在倫敦一條名叫「蘇格蘭場」(Scotland Yard) 的街道，市民因而逐漸稱倫敦警隊為「蘇格蘭場」。

3　英國學者 Georgina Sinclair 指「皇家愛爾蘭警隊」具有軍事化組織特色，以強硬方法推行警務工作（Policing by coercion），如果市民不合作，便會用武力強行執法。另外，亦會建立一支多種族部隊，由一群不熟悉本地社區事務的英人領導，由其他國籍及本地人擔任前線執行的工作。這種上下分層的制度，是英殖民地早期常用的警察體制，主要是英國人視當地警員為一種對他們地位的威脅。在香港，這安排直至二十世紀中葉才有所改變，開始有較多本地人被委任為督察。見 Sinclair, G., *At the End of the Line: Colonial Policing and the Imperial Endgame 1945–80* (Manchester: Manchester University Press, 2006), pp.27.

有一支警隊，屬半軍事化隊伍，在戶外執勤時都會佩槍，主要是保護統治階層和政府機關。

香港警隊的另一個殖民地警隊理念，是「以陌生者管理被殖民者」，所以香港警隊亦是一支由不同種族組成的隊伍，由英人任領導，歐籍人員任管理階級，印度籍、戰後的巴基斯坦籍及華籍警察從事前線工作。1922 年，香港警隊從中國山東威海衛招募警員來港服務，這個以大量外聘人員出任警察的組織架構理念，是殖民地警隊的「以陌生者管理被殖民者」（Policing by strangers）的理念，在香港俗稱為「以夷制華」及「以華制華」。不過，由於獨特的歷史和地理環境，香港警隊並不完全參照殖民地警隊模式。二次大戰前，警隊主要保障洋人在其聚居及活動地區的人身安全，而在新界及華人聚居的地區，政府讓村民自己組織「更練團」，自行處理村內的治安事務，實行「華洋分治」。不過這個形式，在 1945 年，英國人重新管治香港後已不復見。[4]

早期警隊的職務範圍非常廣泛。香港開埠初期至第二次世界大戰前，警察需要兼任滅火隊員，負責人口登記和出入境事宜，也要簽發身份證明文件、駕駛執照、車牌，甚至狗隻牌照，還要指揮交通。警司更是潔淨局（市政局前身）的當然成員，警員必須巡查街市，管理市容。警察曾經身兼現時消防處、入境處、運輸署、食物環境衛生署以至郵政署的工作，可見他們對社會的正常運作，曾經發揮了重大作用。[5]

---

4   二次大戰以前，警隊主要服務歐人社區，而華人則由「更練團」負責治安的管理。1866 年在一班華商的要求下，總督麥當勞 (Richard Graves MacDonnell) 容許華人組織地區更練團 (District Watchmen Force)，自行管理華人社區的保安事宜。當時各區的華商會籌集款項，加上港府的資助，招募華人充當更練，巡邏地方，緝捕小偷及不法之徒。政府每年會撥款予這些更練團，亦會委派歐籍督察監察其運作。1922 年政府每年大約撥款二千港元，共有 102 人。到了 1929 年，增加至 125 人。更練團散佈各區，從港島地區的中上環，到新界大埔、荃灣也有。直至 1949 年，政府才將「更練團」正式解散。參閱吳志華：《香港警察制度的建立和早期發展》（香港中文大學博士論文，1999），頁 161-174。

5   香港警務處：《警聲》，第 770 期（2004）。Ho, P. Y., *The Administrative History of the Hong Kong Government Agencies, 1841-2002* (Hong Kong: Hong Kong University Press, 2004), pp.68.

香港警隊的組織特色

一如前述，香港警隊參照的是英國當年在愛爾蘭建立的殖民地模式，是強調控制社會的警政系統，而非一般市民誤以為強調警察為市民服務的倫敦大都會模式 (London Metropolitian Police)。1844 年初建的香港警察隊，展示了殖民地警隊的幾個特色，(1) 高度中央集權。香港警隊的組織屬中央集權，由香港警務處長領導，警務處長則直接聽命女皇委派的香港總督，從上而下指揮。(2) 一體多元。在二次大戰前，香港警隊由多族群組成，同時具有一體二元與一體多元的特性。警隊理論上負責全港的治安管理，但其實警務人員只是維護英國人的人身安全及利益。同一時間，新界的原居民華人會獲准設立自己的「更練團」，處理村內的治安事宜，這是「華洋分隔」。在殖民地警隊內部，高層人員多是從英國招聘來港的指揮官，或從其他英國殖民地服役的軍人中調派來港。中下層警員，則是來自印度、巴基斯坦、俄羅斯的非華裔警察聯同中國山東的「外省警察」，配合本地的廣東華裔警員執行任務。這些警察有明顯的階級之分，洋人警員待遇薪酬較華人警員優厚。(3)「半軍事化」（Para-military）編制及管理。一如前述，香港警察是護衛英國利益的警衛，是英國基於對蘇格蘭的殖民經驗所建置的殖民地警隊，所以，香港警隊實行的是「半軍事化」（Para-military）編制及管理，是民警卻具有半軍事能力，在有需要時可以擔當部分軍隊的職能，以「武力鎮暴」，而非尋求與市民達成共識。這個特色維持至今。

高度中央集權，一體多元

香港警隊參照英國當年在愛爾蘭建立的殖民地模式，強調控制社會，警隊直接聽命由女皇委派的香港總督，並實行中央集權，全港只有一支警隊，而所有成員都聽命於警務處長。警隊從上而下指揮，當前共有達 15 層的警階，由最基層員佐級的「警員」，「高級警員」，「警長」到「警署警長」；官佐級的「見習督察」，「督察」，「高級督察」及「總

督察」；以及憲委級的「警司」，「高級警司」，「總警司」，「助理處長」，「高級助理處長」，「副處長」及「處長」。二十世紀七十年代進行職級改革前，還有「警目」及「高級警長」。為了保護殖民地利益，香港警隊從成立之日起到香港回歸前，均以從英國招聘來港的指揮官管理警隊；而且種族和階級掛鈎，以歐籍人員任決策管理階層，印度籍和華籍警察從事前線工作。

二次大戰以前，香港警隊主要服務歐洲人社區，所以警隊中的華人警察數目很少，華人參與香港治安管理主要有兩種方式，一種為加入正式警隊成為華籍警員，另一種為加入只負責管理華人的更練團。因為言語不通和對華人不信任，早期的華籍警察不會被編排於深夜時分當值，也不會被派駐到洋人社區（如山頂區）工作。而且，華籍警察早期是沒有槍械裝備的。到了 1878 年，港督軒尼詩 (John Pope Hennessy) 在不理英籍居民反對的情況下，首次容許華籍警員接受槍械訓練。[6]1872年，警隊開始吸納更多華人警察，及後更不斷調整了歐、印及華籍警員的比例，調派他們從事不同類型的警務工作，以改善警隊效率。

隨着華人社區日益擴大，出現了非正式警隊 ——「更練團」負責華人社區治安管理的呼聲。[7] 1866 年，在一群華商的要求下，總督麥當勞 (Richard Graves MacDonnell) 容許華人組織地區更練團 (District Watchmen Force)，自行管理華人社區的保安事宜。當時各區的華商會籌集款項，加上港府的若干資助，招募身強體健的華人充當更練，巡邏地方，緝捕小偷及不法之徒。政府每年會撥款予這些更練團，亦會委派歐籍督察監察其運作。根據 1922 年的數字，政府每年大約撥款二千港元，更練團的成員共有 102 人。到了 1929 年，人數增加至 125

6　Jones, C. & Vagg, J., *Criminal Justice in Hong Kong* (London: Routledge-Cavendish, 2007), pp.45-97.

7　吳志華：《香港警察制度的建立和早期發展》（香港中文大學博士論文，1999），頁 161-174。

人。[8] 這些更練團散佈各區，從港島地區的中上環，到未開發的新界地區如大埔、荃灣等。更練團其實並不是直接隸屬警隊，而是由華民事務司管理，由華商負責更練團的大部分開支。他們會執行警察工作以外的職責，例如協助人口普查，與保良局合作打擊少女賣淫，派出便衣人員捉拿扒手及盜竊者等。由於更練團與社區的密切關係，因此它對協助警隊管理這些社區有很大的幫助。不過，更練團也是港英政府的「華洋分治」策略[9]，這種制度直至二次大戰以後才正式終止，更練團於 1949 年宣告解散。

為了解決香港警力不足的問題，港英政府從 1861 年開始從印度招募人員來港維持治安。香港警隊開始時直接從印度孟買招募警員，後來改聘旁遮普邦的錫克人為警員。基於錫克人的傳統和宗教信仰，香港警隊批准他們保留包裹頭髮的習俗而無需戴上警帽。因為警隊聘任印度籍警員的人數日漸增多的緣故，香港警隊需不時派遣高級英籍警官前赴印度學習印度語，方便長官與下屬間的溝通。1945 年二戰結束，戰爭期間被佔領香港的日軍囚禁在戰俘營的印籍警員，被解放出來後大部分選擇回國。1946-1947 年度警隊年報所刊登的數字顯示，在三百多名印籍警員中，僅有三位能夠在該年度繼續在港執行職務。另外，1947 年英屬印度的政局發生變化，殖民地分裂成為印度及巴基斯坦兩個獨立國家，而新的印度政府對港府招攬旁遮普省人並不支持，也遲遲未有決定在戰後回家休養的印籍警員是否可以回港繼續工作，令港府需要另覓警察來源。港府一方面增加本地華人警員的數目，另一方面則向印度鄰國巴基斯坦招手，聘請當地回教徒來港當警察。[10] 第一次在 1952 年，共

---

8   Secretary for Chinese Affairs, "Report of the Secretary for Chinese Affairs", in Appendix C, *Hong Kong Administrative Report 1929* (Hong Kong: Government Printer, 1930).

9   同註 7，頁 163。

10   詳細資料，可參考 Vaid, K., *The Overseas Indian Community in Hong Kong* (Hong Kong: Centre of Asian Studies, University of Hong Kong, 1972).

156 人應聘來港。第二批在 1961 年，共 47 人應聘。第一輪招聘到港的警察，他們先在孟買集合，然後乘火車再轉貨船，經歷 13 天的航程到達香港。到了 1961 年的第二輪招聘，總警司武毅 (Peter Moor) 率領另外兩位同僚，到了巴基斯坦的四個城市：拉瓦爾品第 (Rawalpindi)、拉合爾 (Lahore)、白沙瓦 (Peshawar)，及卡拉奇 (Karachi)，進行警員的招募工作。

此外，香港警政史上還曾出現一批從山東威海衛招募回來的魯籍警員。1922 年，警隊派遣了一位外籍警官，聯同兩、三位本地訓練教官，加上一位翻譯，到達山東威海衛進行招聘警員活動，聘請了約 50 多名山東男警，在當地訓練半年後，登上英國軍艦到港履新，成為應聘到港服務的首批魯警。[11] 1946 年，從山東來港的警員，已經多達 300 人。這批既不懂英語，又不諳廣東話的警員，編號跟本地警察不同。當年每所有魯籍警員駐守的警署都有一個專為他們而僱用的廚師，供應適合他們口味的膳食。由於言語障礙，魯籍一般被派往港島山頂警區、新界邊陲地區或交通部駐守。本地的華籍警察不太懂說英語，所以一般不願意在外籍人士聚居的山頂工作。外籍人士亦不大喜歡本地華警，反而對身材魁梧和品格單純的魯警較具好感。雖然他們的文化水平較低，但較刻苦耐勞和任勞任怨，因此中西警區及山頂範圍經常可見魯警出更。

除了在印度和山東招募警員，香港警隊還曾經招募俄羅斯成員。1929 年以前，從香港駛往內地沿海城市的英國商船，都會要求英軍派員進行護航，以避免海盜的侵擾。其後英國軍方決定不再派遣人員支援英商，香港警察便在 1930 年 5 月起接替英軍為商船護航，警隊為此特別成立了反海盜部隊，除了安排一批山東籍和印度籍的警察專門負責護

11　Secretary for Chinese Affairs, "Report of the Secretary for Chinese Affairs", in Appendix C, *Hong Kong Administrative Report 1929* (Hong Kong: Government Printer, 1930).

航的工作，更為此而特別招募了 33 名俄羅斯人為成員。警隊把這批俄羅斯警察列為第五組，並以 E 字來識別。[12]

香港警隊的多種族部隊特色，還結合了以種族進行的上下分層制度，警隊的領導層都由英籍人擔任，而基層人員則通常由當地人士充任。這樣設置的目的，主要是英國人視當地警員為一種威脅。所以香港警隊一直有從英國本土和其他英聯邦地區招聘督察來港[13]，直至二次大戰以後，因為更練團解散，香港警隊加強本地化，才開始停止招聘歐籍人員到港任員佐級警員，同時招聘更多的本地華人擔任見習督察。

在二次大戰前，香港已有數十位華人督察；1945 年香港重光後，麥景陶處長負責重建警隊，大規模增聘華人督察。[14]到了 1952 年底，這些俗稱為華人「幫辦」的督察已達百多名，佔當時總數四百多名的差不多四分之一。當時成功獲聘進入警校受訓的華籍副督察，為數不少曾經有在不同紀律隊伍服務的經驗，不少是本地著名中學的畢業生。[15]

當年「幫辦」的投考的程序，和現時差別不大。符合條件的候選人會被邀請參加遴選面試，有時更會由警務處長親自面見。口試過關後，投考者都要參加英文筆試，內容一如現在，都是「處境式」問題，要求

---

12   Hong Kong Government, "Report of the Inspector General of Police", in Appendix K, *Hong Kong Administrative Report 1930* (Hong Kong: Government Printer, 1931).

13   吳志華：《香港警察制度的建立和早期發展》（香港中文大學博士論文，1999），頁 174。

14   由於警政系統遭受到嚴重的破壞，社會秩序亦不見好得到哪裏，當港英當局欲重新建立警隊之際，主事的官員卻發現從前的警察早已各散東西。一些英籍的警官成為了日軍的俘虜，經歷數載階下囚的生活後，不欲亦不能再勝任保護市民之責。一些歐籍及印籍的警員，則已遠走他方，不知所蹤。大部分的華籍的警務人員，因逃避戰亂而在日軍佔領香港的期間回到內地。仍留在本地的服役人員為數並不多，根本沒有足夠的力量有效地維持社會秩序，當時警隊的管理者可說是「無兵司令」。見 Sinclair, K., *Royal Hong Kong Police: 150th Anniversary Commemorative Publication, 1844-1994* (Hong Kong: Police Public Relations Branch, Royal Hong Kong Police Force, 1994).

15   何家騏：〈從五個歷史小問題，看警務督察的制度及發展特色〉，《香港警務督察協會六十周年紀念特刊》（香港：香港警務處，2018），頁 70-75。

投考者對不同情境給予個人的看法。最後過關的投考者需要到中環進行體能測試，及格後才被安排接受幫辦訓練。當年督察的待遇十分優厚，在 1945 年，月薪達 45 元，為工廠工人的一倍，可說是「金飯碗」。督察獲聘後，會被安排進入黃竹坑警校受訓。起初，同期的見習督察學員全為華人，他們是獨立成班，沒有與外籍督察學員混合受訓。在正式入職之前，他們都接受了詳細的品格審查，還需要有兩位太平紳士作擔保，才可正式獲聘。

二十世紀五、六十年代入職的洋督察，是由英國皇家代理 (Crown Agents) 代表香港政府招聘。他們來港以後，會立即進入警察訓練學校接受訓練。他們為數不少都曾在英國本土或其他海外殖民地具有警務工作經驗。他們應聘的條件，跟本地入職的華籍見習督察並不相同，但所獲待遇更加優厚。他們在完成三年的服務後，便可享有返英度假的福利，他們的薪酬亦包括了宿舍的配置，如果他們修讀廣東話訓練課程，能通過處方主辦的考試，更可獲額外的津貼。相對而言，華人「幫辦」並沒有這優待。當年的華洋督察，以不同的服務條件聘用，同工不同酬，其他的福利，當然也不一樣。

1984 年，北京及倫敦政府就香港的前途簽署《中英聯合聲明》(Sino-British Joint Declaration)，同意中國將於 1997 年「恢復行使香港主權」，香港的警察制度基本上不會改變，但會在 13 年的「過渡期」推行人員「本地化」的政策，逐步減少並最終停止從海外招聘外籍警官。1995 年起，香港再沒有「洋幫辦」到港履新，已到任的可以繼續留任至任期結束。直至 2019 年，香港警隊內仍有 60 多名的外籍警官。

「半軍事化」編制及管理

前文提及，香港警隊具有明顯的「官僚架構組織」特色。在中央集權式領導下，從上而下的指揮，警員分為憲委級、官佐級以及員佐級三個大層級。三個級別之間，一共細分為 15 層警階，即由最基層員佐級的「警員」，「高級警員」，「警長」到「警署警長」；官佐級的「見習督

察」，「督察」，「高級督察」及「總督察」；與及憲委級的「警司」，「高級警司」，「總警司」，「助理處長」，「高級助理處長」，「副處長」及「處長」。在七十年代進行職級改革前，還有「警目」及「高級警長」。作為「特別紀律部隊」人員，警隊的官階架構其實和英軍十分相似，在這個架構內，「長官」與「士兵」的類軍事概念非常明顯。憲委級的警官基本上全由英國委派，不會在本地招聘。官佐級和員佐級人員，則會以「二元」的招募及入職模式，分隔成兩個不同的「梯隊」，而且，因為內部晉升機制並不完善，很長時期華籍的員佐級人員基本沒有可能獲升遷至管理層的職位。直至 1957 年，警隊才首次舉辦沉浸課程 (Cadet Course)，供部門內有潛質的員佐級人員進修，成功完成課程後會被晉升。現在，在職的員佐級人員，更可自行直接投考見習督察，晉升的機會基本上增加了很多。[16] 這種香港警隊的英式制度和歐洲大陸的國家、亞洲，以至中國內地有着明顯的不同。

　　現時很多市民都清楚知道警隊「員佐級」和「官佐級」人員的分別，兩個階級對投考者的要求、語言能力、領導能力以及受訓期，皆有分別。不過，有兩點通常被忽視：首先是「帶薪受訓」，新入職的見習督察通常要接受為期九個月的訓練，學員在訓練期間，都會獲發薪酬。反觀其他亞洲地區，警官在入職時都已經在警察學校或大學接受了至少四年的專業警務的學位訓練課程。相對於強調專科訓練、長達四年的歐陸式「自家培訓」警官培訓模式，香港沿襲的則是英式「職業訓練」模式，學員來自大學各科的畢業生（從前則是文法中學的畢業生），再加上內部提升的警佐人員，在警察學院受訓後，再行「在職培訓」。似乎，整個警官培訓理念，頗有差異。在這兩個制度下，新紮師兄的業務能力及其後職業的發展，誰優誰劣，值得探討。[17]

16　　何家騏：〈從五個歷史小問題，看警務督察的制度及發展特色〉，《香港警務督察協會六十周年紀念特刊》（香港：香港警務處，2018），頁 70-75。

17　　同註 16。

值得一提是，1958 年前，警隊的職級並沒有「見習督察」，當時所有新入職的官佐級人員 (Officer)，都會先被任命為副督察 (Sub-inspector)，他們在警校畢業後，還要經過長達兩年的實習期，通過上司的考績報告，才可以正式成為督察。如果上司不滿意其表現，可能會被開除。另一方面，表現令上司滿意的副督察，獲提升為督察以後，亦要繼續爭取表現，獲上司推薦參與高級督察的遴選，才有機會再被升為高級督察。到了 1960 年，「副督察」職級被「見習督察」取代，新入職的見習督察，通過訓練、考試、見習期，便會成為正式的督察；在警隊服務滿一定的年資，再通過考試，便會被「晉階」(Advance) 為「高級督察」。這個制度，也即是當前的督察晉升制度，已經運作了 50 多年。*18*

很多人認為如果想成為警務人員，一定要對警務的知識有充分的了解。其實這個只說了事實的一半：要成功投考警隊，其實和投考其他公務員的職位無異，首先是滿足基本學歷的要求。如要成為警員，基本上要中學畢業及文憑試五科合格的證明。要成為警務督察，需要持有大學學位。跟其他公務員的職位一樣，學歷的意思基本上是指香港政府承認的本地或英聯邦地區所考取的學歷。在其他地區考取相關的資歷，理論上要回港向學歷評審局申請學歷資格評定。至於中英文測試，現在不少少數族裔的準投考者，就是因為中文程度問題被拒諸門外。其實在 1997 年之前，投考警隊不一定要懂中文，但回歸後《基本法》清楚寫明所有公務員都需要具備中英文書寫的能力。因此，近年警務處處方推出了不少協助少數族裔投考者增補中文能力的課程，亦招聘了數位少數族裔的警員，當中甚至有成功獲晉升為督察的例子。

在憲委級、官佐級以及員佐級三個大層級的 15 層警階以外，香港警隊曾經分為兩大部門，即軍裝制服警員及便衣探員。兩者均屬於警務

18　何家騏、朱耀光：《香港警察：歷史見證與執法生涯》（香港：三聯書店，2011）。

處的編制內，隸屬兩個不同的系統，除非更高層的管理人員下達指令，否則其主管不能指揮調派對方的人員執勤。這個組織架構，有不少論者認為缺乏有效的制約，也是當年便衣人員貪污肆虐的其中一個主因。二十世紀七十年代警隊推行架構改革，軍裝便衣合併編制，統一由六大警區的指揮官領導，情況逐漸改變，所以坊間說，「探員比軍裝警員高級權力更大」其實並不正確。[19]

除了這兩大部門外，香港警隊在過去數十年亦不斷設立專職部門，如機場特警、機動部隊、反恐小組、談判小組。全部人員，包括內勤的人員，都一樣受紀律約束。除了文職的人員外，他們通常會在「崗位輪換」的政策下，不長期駐守個別部門。

值得一提是，除了正規警察外，香港亦在五十年代起設立了受薪的「兼職」警察，稱為輔警 (Auxiliary Police)。有一段時期，輔助警察是在港英籍人士強制的義務役，其後轉為受薪制的自願兼任警務人員，以強化當年不足的警力。輔警都有正職，入職條件理論上和正規一致，都受紀律約束，基本的訓練理論上無異，但他們主要擔任巡邏工作，亦不會被召入機動部隊。

《警察通例》

殖民地時代的香港公共行政制度，基本上都圍繞着兩份憲制性文件 ──「英皇制誥」（Letters Patent）及「皇室訓令」（Royal Instructions）。所有政府的行政指令和組織架構相關的法例基礎，基本上都是建基於這兩份文件。[20] 警隊的成立，依據《警察條例》（Police

---

19　何家騏：〈香港早期華籍督察〉，《香港警務督察協會五十周年紀念特刊》（香港：香港警務處，2008）。

20　Miners, N., *The Government and Politics of Hong Kong* (Hong Kong: Oxford University Press, 1991).

Ordinance）；而警隊人員的操守及警務工作的規章程序，則是依循在二次大戰後建立的《警察通例》（Police General Order）[21]。《警察通例》為一不完全公開的警隊內部運作及行動守則，在九十年代通過《政府資料公開守則》前，市民基本上無從知悉其內容。《警察通例》約束所有警務人員的行為。如警務處長頒佈大動員令，紀律人員如果拒絕履行職責，基本上已觸犯了警隊條例，可以被紀律處分，甚至被檢控判刑。

另一方面，警員沒有組織及參與工會的權利，當然不能罷工。早期落成的宿舍，都行軍事化管理，所有住客，包括警員及他們的家屬，都會受到警隊條例所約束，如有違例，戶主的警員可能會被紀律處分。警務人員出入境自由亦受到限制。警務人員未經批准，不能進入台灣、澳門及中國大陸。這個規定，到了九十年代才隨着《人權法》的通過，以及香港回歸日子臨近才被取消。如果一名警察違反紀律，他的上級可以以書面提出警告，後續如果需要內部審訊或作出處分，當事人可以聘請律師協助答辯，不滿意結果可以繼續申訴或向法院告訴。處分的種類分為延長試用期、口頭警告、書面警告、停職、降職、強迫退休，最後才是革職。如果需要被停職調查，仍然會發放三分之二的薪資，避免遭到惡意投訴。

《警察通例》軍事管理的意味很濃，但隨着時代的改變，人權意識高漲，亦要作出相應修訂。1991 通過的《人權法》（Bill of Rights Ordinance），不僅對警權有所約束，其實亦對管理警務人員行為的《警察通例》所有影響。例如前述的出境自由，被紀律聆訊時聘請代表律師的自由等。在 1995 通過的《性別歧視條例》，則直接令女性警員可以常規進入機動部隊訓練。

---

21   Hong Kong Police Force, Hong Kong Police Museum (Hong Kong: Hong Kong Police Force, 2008).

維持治安為主要任務？

　　由於不是軍警，不會執行軍隊保家衛國的任務，香港警員理論上不需要具備獨立作戰的能力，他們的主要任務，就是維持治安，調查罪案，報告律政司及根據指示提出公訴，並在社會動亂時，執行內部保安的工作。值得注意的是，無論在港英或特區時代，因為政治及社會現實的緣故，警隊都承擔了部分理應由軍隊執行的任務。港英年代有駐港英軍、尼泊爾喀喀兵、華籍英兵；特區年代有駐港的解放軍，但是他們都不方便高調出動在港處理對外防務以外的事宜。英軍曾為邊防主力，亦在香港水域巡邏，甚至在 1956、1966 及 1967 三場暴動中執行防暴的工作，但他們都以支援香港警察為主，避免引起不必要的外交風波。香港警隊，在特別的地緣政治格局下，得以不斷擴充其編制，有些特別的部門，其實擔當了內部保安中軍隊擔當的角色。例如自 1967 年起，每位警員都要接受防暴訓練，在警察生涯內一定會被調派到警察機動部隊駐守一次。負責海防的水警，隨着中港經濟往來及社會的互動增加，則不斷擴充其船隊及人員編制。[22]

　　作為殖民地警隊，香港警隊本質上不用依靠民眾的支持而獲得其認受性。二次大戰之前，警隊和民眾的關係基本上是疏離的。當時，英文作為唯一的法定語言，普羅大眾普遍對法律認識有限，警隊基本上以維護在港英人及洋人利益為主要任務。二次大戰後，英國恢復管治香港，隨着社會的複雜化，在倫敦「去殖民化」的大方針下，不少殖民地漸次獨立。在特定的地緣政治下，香港並沒有步向這個軌跡，相反，英人政府招募了更多的華人督察和警員，又擴大編制，不過警隊仍然和普羅市民疏離。「生不入官門」的觀念仍然根深蒂固。警隊其實亦沒有甚麼

22　　何家騏、朱耀光：《香港警察：歷史見證與執法生涯》（香港：三聯書店，2011），頁 152-158。

特別的「社區警政」概念，戰後因政治及經濟原因從大陸進入香港的民眾對警政理念不了解，亦不想了解；而跟警隊有親身接觸的，很多時都對警務人員的違規行為不以為然，最終選擇以「避之則吉」的各不相干態度應對。這個美妙的「平衡」，隨着六十年代兩場暴動的過去，隨着七十年代政府銳意打擊警隊貪腐行為的到來，隨着其後的「社區警政」措施的推出，終於改變過來。

香港警察發展的分水嶺

第二次世界大戰後至七十年代中期的一段時期，可以說是香港警政發展的一個最重要分水嶺，警隊經歷了重大的改變。1956 年，九龍發生「雙十節」暴動，警示了警隊防暴能力的不足，其後警隊於 1958 年設立了「警察訓練營」（Police Training Contigent）。經過 1967 年的「六七暴動」，警察訓練營於 1968 年改名為「警察機動部隊」（Police Tactical Unit），為每位警務人員提供防暴訓練，進一步強化警隊的內部保安及犯罪防治的力量。為表揚警隊在平定暴動的貢獻，英女皇於 1969 年頒授「皇家」冠號，香港警隊改名為「皇家香港警察」。警隊及政府在二十世紀七十年代起，致力把警隊的架構重組，提高專業化，多個專職部門漸次成立，例如為普羅大眾所熟悉，俗稱「飛虎隊」的特別任務連、「機場特警」、「警察談判組」及近年組成的「反恐特遣隊」等，同時亦漸次推出不少「社區警政」措施，把警隊的目標定位為「撲滅罪行、防止罪案及宣傳教育」。

另一方面，1974 年廉政公署成立，嚴厲打擊警隊貪污，導致警察反擊，引發了 1977 年的警廉衝突，直至港督頒發《局部特赦令》，承諾終止追究所有尚未立案調查的警隊貪污行為，風波才告平息。香港警隊經歷了這兩次暴動和一次警隊內部的猛烈衝擊後，積極進行大規模改革，警隊走向專業化，推行組織架構改革，強化反貪措施，亦着手面對社區及市民，引入「社區警政」的手法，加強與社區聯繫，令警隊逐漸成為一支受市民認可的專業執法隊伍。1994 年，隨着政府的「新公共

管理」理念，警隊推出「服務為本」的口號。1997 年香港回歸中國，警隊因而重新名為「香港警察」。

值得一提的是，戰後初期在「半軍事化」(Para-military) 管理的框架下，《警察通例》(Police General Order) 只是初步建立，在未完全制度化的部門內，各式各樣的「偏差行為」當然不斷湧現。有趣的是，當在法例對警務人員貪腐行為缺乏有效的約束機制，而長官們亦缺乏強烈意志去革除這些陋習的背景下，警民關係在好不到哪裏的同時，普羅市民對警務人員印象欠佳，但大家又好像相安無事。這個微妙平衡的地下秩序，直至經歷六十年代兩次大型暴動後，政府銳意通過管治架構及手法的改革，提高管治能力，才漸漸改變。

1967 年，「六七暴動」爆發，事後警隊因平亂有功，被英女皇授予「皇家」銜頭，但殖民政府亦開始意識到市民對警隊的支持是短暫的。政府以至警隊，其實都和市民十分疏離，警隊內集團式貪污問題仍然很普遍，其在市民眼中的形象仍然欠佳。七十年代初，麥理浩總督領導下的政府，改變管治模式，警隊亦有翻天覆地的改變。隨殖民政府的管治方向，將其定位由原來維持英人在港利益，轉為面對普通市民，透過制度、人員工作模式和態度的改革，警隊獲得政府調配更多的資源，擴大了編制，增加人員薪酬，加強專職訓練，走向專業化，同時亦在改善警民溝通的方針下推出了一系列的社區警政措施。

警隊推行的龐大架構改革，把軍裝及便衣人員統一管理，重新劃分警區，合併及改革職級，試圖杜絕以往因缺乏有效監管，使便衣人員出現結構性的集團式貪污的情況。又大幅提高警務人員的薪酬，尤以員佐級的前線人員為甚，減低他們貪污的誘因。同時，管理層亦賦予警隊內「反貪污部」(Anti Corruption Bureau) 更大的權力。反貪污部最後效果不彰，在「葛柏事件」後 [23]，又推出著名的防止賄賂條例 (Prevention

---

23　關於警隊反貪污部的擴充及廉政公署成立的背景，可參閱葉健民：《靜默革命：香港廉政百年共業》（香港：中華書局，2014）。

of Bribery Ordinance)，成為了打擊貪污人員的殺手鐧。[24] 1974 年更創立了獨立於警隊外的廉政公署。這些措施，成功在社區的層面，爭取到市民對政府的支持，開始相信政府是「動真格」打擊貪污行為。在警務人員聚集，群起對抗反貪行動之際，無論是策略原因，抑或是為勢所迫，港督頒佈了「局部特赦令」(Partial Amnesty)，對以往貪污人員的行為既往不咎，最後成功地穩住了局勢，也開創了一個新的局面。[25]

同時，警隊亦推出了一些新措施，銳意改善警民之間的溝通。例如加強公關宣傳，令市民尤其是青少年更了解警隊的工作。1974 年起，香港電台和警務處共同製作的電視節目《警訊》，為中小學生帶來連串參觀活動、設計運動比賽，設立少年團體「少年警訊」，使學童成為「警察之友」。當時社區警政的基本目標，是加強警務人員接觸群眾的機會，以改變市民對他們的觀感及了解。警方引入英國調派來的新聞官，主動向外界透露其政策發展改革，以至各項日常工作表現等，提升透明度。「新聞及宣傳課」、「社區關係課」和「宣傳及出版分課」其後成立，為警隊發放警隊新聞予傳媒，推行警隊宣傳活動，與市民溝通，並宣傳撲滅罪行；而後者則負責應對傳媒查詢，出版製作警隊宣傳刊物，例如《警聲》、《警察年報》等。[26]

警隊的地區聯絡工作，亦旨在進行犯罪防治的宣傳。通過設立「警民關係主任」和「撲滅罪行委員會」，為警方推動整體撲滅罪行工作，為現行撲滅罪行工作提供改善建議，加上措施以達至其目標。此外，警方也針對個別類型的罪案制定相關的宣傳，例如設立「交通安全城」向

24　電子版香港法例：《第 201 章：防止賄賂條例》，檢自 https://www.elegislation.gov.hk/hk/cap201!zh-Hant-HK，瀏覽日期：2018。

25　葉健民：《靜默革命：香港廉政百年共業》（香港：中華書局，2014），頁 154。

26　參見香港警務處：《香港警察年報 2010》（香港：香港特別行政區香港警務處，2010），頁 24-26。香港警務處：〈警隊宣傳刊物列表及背景資料〉，香港警察官方網頁，檢自 https://www.police.gov.hk/ppp_tc/03_police_message/vp_gallery/album_cp.html，瀏覽日期：2018。

學生宣傳交通安全意識。設立「學校聯絡主任」的職位，協調警方、學校、家長等各方的溝通，防止及打擊黑社會入侵校園及招攬成員。因應當時新市鎮發展警力不足，警方亦推出「派出所」計劃，參考日本及台灣的派出所制度，派員駐守與居民保持緊密關係，有需要時當值警員可以即時提供協助。這些在 1969 年後「皇家香港警察」年代推出的「社區警政」措施，一改七十年代前大部分時間警隊與民疏離的狀況。

決斷的改革

前段所述，香港警隊有幾個殖民地警隊的組織特色：中央集權、華洋分隔、軍事式管理、與民疏離等等，可以解釋為甚麼這支初期被華人視為洋人的警隊，在華人社會評價不佳，人員質素亦被質疑。事實上，不少文獻及學者的研究亦指出，戰前的香港警察，貪腐問題嚴重，未臻專業，業務能力平平。為甚麼這樣的一支腐敗警隊，可以在短短數十年間，轉化成被稱譽的「亞洲最佳的警隊」？在電影上，警務人員都變得「英明神武」，「專業廉潔」？當中的「成功之道」是甚麼，有甚麼值得其他地區的政府及警政機關借鏡？

香港自七十年代起推出的一系列社區警政措施改革，背後離不開領導者的決心及策略的成功。警隊作為一典型科層官僚架構，改革的模式，一定是由上而下，領導者的決心及魄力，對改革能否取得成功至為重要。當年的薛基輔處長，在總督戴麟趾的授意下，決心把六十年代集團式腐敗叢生的警隊徹底改革，包括組織架構及官階的改革，軍裝及偵探部分道揚鑣，大量晉升員佐級華籍人員為見習督察，招募更多本地大學畢業生，增聘女警，最重要的，就是大幅提高入職薪酬，強化「反貪污部」的編制及調查權力（雖然最後未竟全功，但在葛柏外逃事件後，政府決定成立獨立於警隊編制外的廉政公署取代警隊反貪污部的工作），絕非只是用「銀彈政策」收買人心那麼簡單。這些改革達到幾個重要的目標：成功籠絡地區層面的社會賢達，使他們跟警方合作無間，無論在市區或郊區，鄉紳及地區人士都和警隊建立比較密切的連繫，這

個直接取代了七十年代前「地下秩序」的警民互動模式。在人口密集社區的鄰舍層面,新市鎮的發展及重建計劃給予警方一個很好的契機,重新建立警民關係的互動模式。七十年代起湧現的大型街頭罪案,警方的高調佈陣破案,亦令市民開始對警隊的執法能力及專業化產生信心。當然,當年資訊流通的速度慢,沒有互聯網,亦沒有民選的議員,只要警方有「表現」,面對訴求相對簡單的民眾,更容易取得他們的支持。這個情況,到了九十年代,在政府推出「服務承諾」,引入向市民問責的概念,以及選舉政治的推行後,開始有了翻天覆地的轉變。

從上述一些大型變革可以看出,香港警隊的大型變革需要兩種條件:「社會壓力」與「有效管治」。「社會壓力」指的是,不論是來自於外部大環境變遷,如戰後人口劇增,還是具有政治因素的動亂事件,以至民間產生意欲改善的壓力,這些都是來自警隊外部的客觀社會壓力;「有效管治」則是管治者以正面態度而非敵對思維,回應香港社會的環境變遷及社會訴求,以求繼續有效管治。從歷史來看,這兩種條件是警隊改革缺一不可的動力。至於改革的形式,幾乎不存在由下而上(即低職級警員推動高層級改革)的模式,而是以「由上而下」(Top-down)形式呈現,也就是說改革或回應社會與否全關乎高層決定,警隊則只是跟隨這些自上而下達的命令執行改革。如能及時果斷的回應社會訴求,從歷史來看是可以完善警隊,並且拉近警民關係的。

高度國際化及人員質素提升

前文提及香港警隊一直由洋人領導,華人只能擔任其下屬或助手。這個非本地的領導,跟很多殖民地的組織類似,但為何香港的警隊,華洋之間可以合作無間,相安無事?

相對很多殖民地的警務機關,設計時以「陌生者管理被殖民者」為方針發展的香港警察,其實非常「國際化」:英國人的長官,來自不同的英聯邦地區,二次大戰前多為具有軍事及警務背景,戰後也是這批曾在不同殖民地服務、兼具軍事或警務工作經驗的洋警官,被派到港重

建警隊。戰後倫敦政府銳意在英倫三島招聘當地的中學畢業生到港當督察，他們對香港，甚至對殖民警政一無所知，更沒有甚麼執法的經驗。這兩批「外國人」，是香港警隊的第一個組成部分。警隊中最龐大的成員，有在港招聘能操流利英語的華人督察，以及大批華籍警員。華籍警員當中，有不少都是在 1949 年後從中國內地湧入香港的政治及經濟難民，他們有些學歷較高，為生活投考警察。這些華籍警員，再配合戰前來自中國山東及五十年代在巴基斯坦招聘的外來人員，組成了一支來自「五湖四海」的警隊，在英國人的領導下，巧妙地產生了化學作用。[27] 外籍人員會參加切燒豬、拜關帝儀式，而華籍人員則在英式的制度下，尋找自己的「定位」：樂安天命的，進取求升遷的，甚至是貪求不義之財的，均相安無事。在英聯邦的框架下，戰後入職的本地華籍督察，都有機會獲保送到英國警察訓練機構，接受專業的警務訓練，和來自不同英聯邦地區的警官交流。在八十年代初，港府和倫敦達成協議，推出《香港及英國警官借調計劃》（Superintendent Secondment Plan），「皇家香港警察」的華人警官，部分會被提名，和英國的警官交換職任，在彼邦累積前線的警務工作經驗。當年這些曾在英國執法的人員，很多都成為香港回歸中國初期警隊內的中堅管理人員。員佐級人員在八十年代起，亦有機會獲派到英聯邦地區受訓。[28] 這種「英式制度為體，中式文化為用」，結合了「環球視野」及「本地智慧」，在七十年代中警隊大改革後，出乎意料地成功改變市民對警隊的觀感，亦大大提高了業務能力。

---

27   從二十年代起，警隊依據警員的種族而把他們劃分成五組：英籍和歐籍警員為第一組，以 A 字來識別；印度籍警員為第二組，以 B 字來識別；廣東華籍警員為第三組，以 C 字來識別。D 組的成員多來自山東的威海衛。而在 1930 年起加入警隊專門從事押船工作的俄籍警員，則以 E 字來識別，每個組別的代表字母均加在警員編號之前。參見何家騏、朱耀光：《香港警察：歷史見證與執法生涯》（香港：三聯書店，2011），頁 11。

28   何家騏、朱耀光：《香港警察：歷史見證與執法生涯》（香港：三聯書店，2011），頁 99-100。

「高薪養廉」策略

　　警隊除了決心推出制度的變革，強化人員對機構的忠誠，其實亦離不開優厚的俸祿，而給退休人員長俸 (Pension) 的安排，則為整個制度的核心，這為七十年代後期開始入職的警務人員，提供了職業穩定性。香港因循英式的警察招募及訓練制度，中學或大學的畢業生，無論他們的本科主修甚麼，警隊都歡迎他們投考，通過筆試及延續面試，加入警隊以後，便會被安排接受為期分別為六個月（學警）(Recruited Police Constable) 及九個月（見習督察）(Probationary Inspector) 的帶薪訓練。[29] 員佐級及官佐級人員的起薪點，自七十年代起，都明顯較不少在私人市場的工種為高，而他們如果表現及格，便能在三年以後通過試用期，獲得長期聘用，直至 55 歲退休。這對不少初出茅廬的畢業生以及追求穩定的求職者，都有莫大的吸引力，亦可說是警隊穩定性的基石。警隊被政府列為「特別紀律部隊」，他們有獨立於其他公務員，甚至其他紀律部隊的薪級表，薪酬水平明顯比其他入職資格相若的公務員同僚高。除了每月薪酬及不同種類的現金津貼（例如於偏遠地區當值的津貼）外，已婚人員亦有資格申請宿舍，他們的未成年子女亦可以申請海外教育津貼到其他英聯邦地區升學。服務至滿 45 歲以上的人員都可以申請退休，如被批准，可以每月領取相當於離職前月薪的一個百分比的長俸。[30]

　　八十年代末，九十年代初，跨境罪案猖獗，在那個「省港奇兵」跨境持械行劫案肆虐的年頭，不斷有警務人員離職。[31] 但他們的職位每

29　何家騏、朱耀光：《香港警察：歷史見證與執法生涯》（香港：三聯書店，2011），頁 42-43。

30　Burns, J., *Government Capacity and the Hong Kong Civil Service* (Hong Kong: Oxford University Press, 2004).

31　蘋果日報：〈回歸百科【省港旗兵】〉，《蘋果日報》，2017 年 5 月 31 日，檢自 https://hk.news.appledaily.com/local/daily/article/20170531/20038914。

每很快便被新的投考者補充。另一方面，警隊在八十年代銳意改善形象，各項專業化的計劃逐一推行，政府亦提供了更多的資源予警隊。華人在殖民地年代選擇投考警隊，當然有其職業生活的考慮；警隊招聘的人員，很多時都是取向相近和價值觀比較類似的人，他們較少完全不認同現行公務員系統及警隊的一些固有價值，這亦造就了人員的穩定性。

附表 2.1：香港警政大事年表

1844 年	英國殖民地政府頒佈了《香港法例》第五號條例，成立香港警察隊，並由堅偉 (William Caine) 上尉為警察裁判司。當時的警隊以歐籍及印籍人士為主。
1860 年	滿清政府割讓九龍半島予英國。英政府於紅磡、油麻地及尖沙咀設立警署。
1866 年	英政府頒例容許華人組織一個名為地區更練團的保安隊伍，自行管理鄉間的保安事宜。
1893 年	警察訓練學校成立。
1898 年	滿清政府租借新界予英國。
1914 年	香港特別後備警察隊成立，於 1918 年第一次世界大戰結束後解散。
1922 年	警隊開始從山東招募警員來港工作。
1923 年	警探隊成立。
1927 年	警方重組後備警察隊，港島衝鋒隊成立。
1930 年	面對海盜猖獗的問題，警方於 5 月起接替英軍，招募了一批印度籍、山東籍及俄羅斯籍的警察，在運貨船上維持治安。
1931 年	九龍衝鋒隊成立。
1936 年	警方開始聘用華人為副督察。
1939 年	日本侵華，港府更頒佈法例，強令所有在港的英籍人員必需參與義務工作，加強維持治安的力量。
1941 年	日本攻佔香港。淪陷期間日軍政府聘用部分華籍警察，稱為憲查。歐籍警員則被囚禁於集中營。

（續上表）

1945 年	香港重光後，警力嚴重不足。警方遂計劃大規模招聘警務人員，當中以華人為主要招聘對象。
1948 年	黃竹坑警察訓練學校啟用。
1949 年	許錦濤成為香港第一位女督察。 警犬隊及警隊化驗室成立。
1950 年	警察樂隊成立。
1951 年	首次招募女警，共有十位被取錄。 警察反貪污部成立。
1952 年	首次起用巴基斯坦籍警員，印度籍警員於印度從英國中獨立後已停止招聘。
1956 年	10 月 10 日發生暴動，警隊首次執行大規模防暴行動。
1958 年	警察訓練營成立。
1959 年	後備警察隊與特別警察隊合併成輔助警察隊。同時，駕駛考試改由運輸處負責。
1961 年	警務處不再負責入境事務，同時輔警不再成為強逼性的兼任工作，所有輔警人員都變成志願人士。
1966 年	發生因天星小輪加價而引致的騷動，警方動員防暴隊以平息騷亂。
1967 年	發生香港史上最大規模的暴動，為時七個月，共有十名警員殉職，另二百多名警員受傷。 警察教育與福利信託基金會於年中成立。該基金會把市民的捐款存儲起來，向警察家屬提供學費補貼。
1968 年	警察訓練營改名為警察機動部隊。 警察公共關係科成立。
1969 年	英女皇伊利莎白二世授予香港警隊「皇家」頭銜，成為「皇家香港警察」及「皇家香港輔助警察」。
1970 年	偵緝訓練學校正式成立。
1972 年	刑事偵緝部被收歸到新設立的行動處內，不再自成一系，亦不設有總探長的職位。在新制下，亦加設了「警署警長」之職位，取消了原有的警目職級。
1974 年	少年警訊成立。 投訴警察課成立。

（續上表）

1978 年	首批六名的女警服務於水警。
1988 年	警隊博物館首次開放予公眾人士參觀。
1989 年	李君夏成為首位華人警務處處長。
1994 年	警隊招募最後一批外籍督察。
1995 年	女警開始接受槍械訓練，並可佩槍執勤。
1997 年	香港回歸中國管轄，皇家香港警察改名為香港警察。
2003 年	於「沙士」疫症爆發期間，警隊積極參與各項災難應變措施。
2005 年	世貿部長級會議首次於香港舉行，警方以嚴陣應付來自本港及世界各地的示威者，期間秩序大致良好。
2008 年	香港成功協辦奧運及殘奧馬術項目。警隊以全力維持項目舉行期間場內外的治安。
2009 年	香港特區政府宣佈香港人口超過 700 萬。同年香港舉行第五屆東亞運動會，警隊以全力維持項目舉行期間場內外的治安。
2011 年	呂文迪先生成為香港主權交移後，首位少數族裔（巴基斯坦）警員。
2012 年	海內 (Heina) 女士成為香港主權交移後，首位少數族裔（巴基斯坦）女警員。 同年，警隊推出流動應用程式。
2013 年	警隊推出 youtube 頻道，目標在於建立正面形象及加強警民關係。
2014 年	香港「雨傘運動」爆發，警民對峙 79 日後，最終以警隊行使公權力驅散市民告終。
2015 年	警隊推出 facebook 專頁，目標是增加社區接觸渠道，宣傳滅罪信息。
2016 年	農曆新年初一發生旺角騷亂，警隊與情緒激動的民眾對峙一整晚，期間爆發多次衝突，警隊最後於翌日清晨成功驅散人群，並拘捕數名人士。
2017 年	警員呂文迪成為香港主權交移後，首位少數族裔（巴基斯坦）警務督察。

1957 年攝於大澳警署。

攝於 1965 年大埔滘水警基地，圖為水警首位
甲級高級警長與三位外籍警官。

警隊在 1968 年成立警察機動部隊（Police Tactical Unit），每位男警都會被召入營接受防暴訓練。

1979 年，威爾斯親王查理斯王子到訪元朗，由當時護送組的主管史丹頓總督察負責為車隊開路，居民手持英國國旗夾道歡迎。

1997年，警隊護送組人員
與港督彭定康合照。

2004年，中區警署搬遷前舉行「警察之夜」。

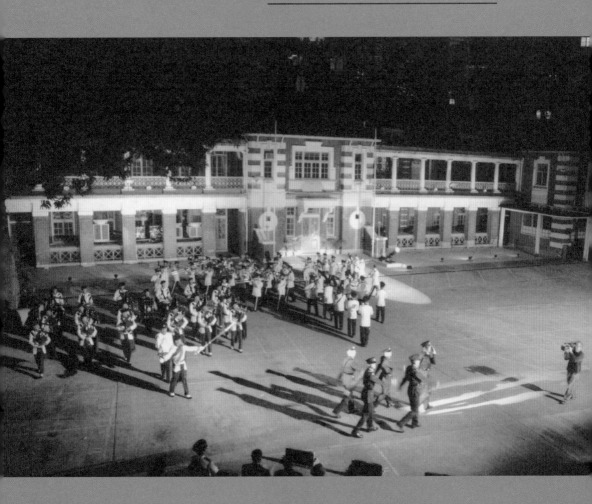

1997 年，時任澳督韋奇立（右）宴請港督彭定康。

1989 年，澳督文禮治（右）拜會港督衛奕信（左）。

澳門治安警察局銀樂隊。攝於 1993 年下旬。

1934 年，澳督巴波沙來澳履新
並檢閱軍隊，民眾夾道圍觀。

1934 年，澳督巴波沙來澳
履新並檢閱軍隊。

圖為三十年代澳門警察更亭。

三十年代澳門軍隊訓練情況。

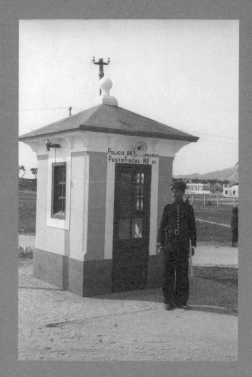

三十年代澳門軍隊訓練情況。

第三章·
澳葡警政：軍警合一的
「雙部隊」混合制度

　　澳門今天為人所認識的獨特的混合警政制度 —— 由治安警察（PSP）和司法警察（PJ）組成的雙部隊模式，其實在 1960 年才正式出現。在此之前，澳門的警政制度發展經歷了幾個世紀的演變，當中有來自葡萄牙的直接影響，也有來自澳門殖民管治需要以及地緣政治特色的作用。

　　跟十九世紀英國以戰勝國身份強迫清政府租借香港島和割讓九龍的港英殖民地史不一樣，早在十六世紀就來到澳門的葡萄牙人，是以葡萄牙商人向明朝政府租借澳門作為取得管治權的起點，過程中既沒有中葡交戰，也沒有不平等割地條約。正是這個原因，澳門在官方文書中長期以「葡萄牙人的居留地」出現，即使十九世紀中葉葡萄牙曾經單方面宣佈澳門為自由港和殖民地，但明清兩朝從來沒有正式承認葡萄牙對澳門具有領土主權，只承認其對澳門具有管治權。所以葡萄牙對澳門是進

行「逐步佔領」的。而且，葡萄牙對澳門的管治，曾經歷長達三百年的雙軌制管治 —— 中葡基本上是分治的，華人由廣東的地方衙門管理，葡人則經歷了居澳葡人自治組織和總督管理的不同階段，期間對澳門葡人社區治安的管理，混合了不同的警政模式。中葡分治的格局一直到 1846 年亞馬留 (João Maria Ferreira do Amaral) 就任總督、強行將華人納入直接管治以後才有所改變。其後，澳葡政府逐步增強管治，警隊不再只是管轄葡人社群，警政制度無可避免出現變化。至 1960 年，治安警察（PSP）和司法警察（PJ）組成的雙部隊模式開始成為定制。

澳門警察制度溯源

澳門現行的治安警察（PSP）和司法警察（PJ）、澳門開埠早期負責城市治安兼防務的軍隊，以及曾經在澳門出現的市政警察，都源自葡萄牙。葡萄牙的警察制度，最早可以追溯到 1383 至 1385 年的革命時期。1383 年，葡王費爾南多（D. Fernando）逝世後出現皇位繼承的宮廷鬥爭，演變為葡萄牙與卡斯蒂利亞（Castilia）的戰爭[1]，期間葡萄牙軍隊的努諾阿爾·瓦雷斯·佩雷拉（Nuno Álvares Pereira）創立了一種方陣軍團（Corpo de Quadrilheiros）戰術，令勢力本來較弱的葡萄牙軍隊戰勝了卡斯蒂利亞軍隊，獲多個城市人民擁戴的若奧一世（João I）取得帝位，建立了在十五世紀開創葡萄牙大發現時代的阿維斯王朝（Dinastia de Avis）。佩雷拉領導的由平民組成的方陣軍團，在戰爭期間主力戰鬥，保護城堡要塞和監禁敵人，在戰後則和地方行政勢力結合，先後在里斯本以及波爾圖負責治安巡邏。這段軍團的歷史，分別被葡萄牙的共和國警衛隊（GNR, Guarda Nacional Republicana) 以及治

1　　薩拉依瓦（J. H. Saraiva）著，李均報、王全禮合譯：《葡萄牙簡史》（河北，中國：花山文藝出版社，1994），頁 107-111。

安警察（PSP, Polícia de Segurança Pública）視為其歷史的開端，佩雷拉也因此被視為葡萄牙最早的警隊指揮官 [2]。

這種具有軍隊性質的治安隊伍，經過百多年的發展，十六世紀初期開始成為葡萄牙的地方治安管理制度。1521 年 3 月 15 日，葡萄牙在所有城市和小鎮頒佈規章，要求成立地方治安隊伍，負責地方巡邏，緝拿罪犯，帶到地方首長（Corregidor）或刑事法官面前由其宣判，相當於直接向市長或法官負責。這個治安隊伍相當於一個巡邏隊，通常由地方居民從德高望重者中選出一位負責人，這位負責人再提名 20 名鄰居或其他城鎮居民組成，每個巡邏隊需要服役三年。這個早期的警隊，會獲得葡萄牙皇室的一個綠色棒棍作為皇家武器權威的象徵，也會獲發長矛作為武器，但他們不是受薪的軍警，也非由皇室僱用，既沒有受過訓練也沒有制服，沒有任何供其使用的設施，他們的報酬僅限於免服兵役和免繳部分稅項。1603 年 3 月 12 日，國王菲利普二世（Philip II）重新頒佈規章，加強了這種早期警察的權力和職責，如未經許可不得離開自己居住的街區，需要勤於巡邏以緝捕罪犯，也要了解社區是否有外國人、「閒人」和「壞名聲」的人。[3]

這種帶有志願性質的治安巡邏隊，進入十八、十九世紀前後，因為無法適應葡萄牙的新型犯罪，開始衰落，最終被更有組織的正規軍警取代。1755 年，葡萄牙發生大地震，地震後社會治安動盪，巡邏隊無力遏止。1760 年 6 月 25 日，龐巴爾侯爵（Marquês de Pombal）頒佈法令，成立葡萄牙王國警察總局（Intendência Geral da Polícia da Corte e do Reino）。1789 年，平拿・馬尼克（Pina Manique）被正式任命為葡萄牙史上首位警察總監（Intendente-Geral da Polícia），他

2　　　葡萄牙政府：〈HISTÓRIA DA GUARDA NACIONAL REPUBLICANA（共和國國家衛隊歷史）〉，檢自 http://www.gnr.pt/historiagnr.aspx，瀏覽日期：2018。

3　　　同註 2。

於 1793 年成立了一支由 100 人組成的部隊，以保證首都的秩序和公共安寧。1801 年 12 月 10 日，里斯本皇家警察衛隊（Guarda Real da Polícia de Lisboa）成立，這是葡萄牙第一個制服武裝警隊，擁有 642 名士兵和 227 匹馬，那是參照 1791 年法國大革命期間建立的法國憲兵隊（French Gendarmerie）建立的。這個以城市命名的皇家警隊，曾經在其後一個多世紀受葡萄牙政局的影響而被取代。因應自由主義革命的成功，葡萄牙再度發展地方權力，各個城市出現向市議會或市政府負責的市政警衛隊，像 1834 年 7 月 3 日成立的里斯本市政衛隊（Guardas Municipais de Lisboa）就取代了皇家警察衛隊；同樣的市政衛隊也在 1835 年 8 月 24 日在波爾圖建立。[4]

皇家警察衛隊和市政警衛隊嚴格而言都是支持政權的武裝力量，相當於軍隊，但會同時管理治安。市政警衛隊在 1910 年葡萄牙革命推翻君主制後消亡，革命後建立的葡萄牙共和政權，則在 1911 年 5 月 3 日成立共和國衛隊（GNR, Guarda Nacional Republicana）繼承市政衛隊的任務，其後共和國衛隊曾經效忠於葡萄牙的獨裁政權。1974 年葡萄牙發生革命後，共和國衛隊逐漸轉型，對內成為城市之間市政府無法管轄的地區的管理者，對外會參加聯合國維和部隊等國際任務，以代表葡萄牙的國家形象。[5]

十九世紀葡萄牙政變頻繁，權力更迭的過程，出現了強調地方治理的民警。1867 年，里斯本和波爾圖成立民警（Polícia Civil）隊伍，並在其後將民警制度推廣至其他城市，也就是葡萄牙的治安警察（PSP, Polícia de Segurança Pública），由葡萄牙內政部管理。1893 年，葡萄牙在治安警察（PSP）中成立了一個分支機構 ──「司法調查與預防警察」（PIJP, Polícia de Investigação Judiciária e Preventiva），相當於司

4　葡萄牙政府：〈HISTÓRIA DA GUARDA NACIONAL REPUBLICANA（共和國國家衛隊歷史）〉，檢自 http://www.gnr.pt/historiagnr.aspx，瀏覽日期：2018。

5　同註 4。

法警察的前身。1922 年，這個分支機構更名為「刑事調查警察」(PIC, Polícia de Investigação)，在 1927 改由葡萄牙司法部管轄。1945 年，PIC「刑事調查警察」更名為司法警察（Polícia Judiciária）。1960 年，司法警察（Polícia Judiciária）制度傳入澳門，澳門的司法警察正式成立，由法院管轄。[6]

澳葡警政的發展特色

十六世紀葡萄牙人抵達澳門時，葡萄牙本土的警政制度和海外殖民地管理制度還未成熟，治安管理依賴的是葡萄牙商船上的軍隊和沒有正規訓練的公民巡邏隊伍。所以，與港英殖民地警察制度非常不同，澳葡政府沒有採納一套只會在葡萄牙海外殖民地通行的警政制度；相反，澳葡時期的警政，更多的是從葡萄牙本土直接嫁接，而且在過去四個多世紀一直在變動當中，像殖民地初期是軍隊與民警混合；自 1960 年開始，則是正規的雙部隊（Dual Policing System）制度。

另一方面，澳門的地緣政治特性以及澳葡政府的管治需要也制約着不同時期的警政制度。1846 年，亞馬留 (Joao Maria Ferreira do Amaral) 就任總督以前，澳葡政府沒有完全管治澳門的權力，當時是中葡分治的格局，華人歸明清兩朝的地方官管轄，居澳葡人社區則沿用葡萄牙本土的警政制度，既有象徵國家權力的軍隊負責防務和內部治安的特點，也有由市議會任命的巡邏隊或城市保衛隊維護社會秩序的地方權力特性。亞馬留之後的歷任總督，因應管治權的擴張和澳門社會的發展，一方面將巡邏隊制度化，接受華商和土生葡人募捐出資建立市集守衛隊；一方面透過規章制度，將澳門的警察（包括葡人、主要來自葡屬東非莫山比克（Mozambique，舊譯「莫三鼻給」）的非洲人、來自

6　　同註 4。

葡屬印度果亞（Goa）的摩爾人（Moors）[7]和澳門本土出生的土生葡人（Macanese）以及華人）納入葡萄牙在澳門的駐軍編制，建立軍警合一的城市警察制度。1912 年，澳門政府批准成立警務局，廢除軍警合一的制度，使駐軍與地方警隊分流：軍隊由澳門的指揮部管理；警隊編制幾經修改，曾經直屬總督。1960 年，司法警察成立，澳葡開始移植葡萄牙的雙警隊制度，治安警察及司法警察同時運作。1975 年，澳葡撤銷軍隊的獨立指揮部，不再在澳門駐軍，澳門進入完全由警察負責治安的時代。

軍警合一，中葡分治

前文提及，葡萄牙人在十六世紀中抵達澳門至十九世紀中期的近三百年間，澳葡管治的最重要特點，是華人與葡人是分治的，華人基本上由當時的廣東地方行政實體管理，葡人則透過議事會和葡屬印度派駐的總督進行自治。

明朝政府原來並沒打算放任葡人自治，葡人獲允許居澳以後，明朝地方官在公文中稱葡人的首令為「夷目」或「兵頭」，視其為下行的地方官。明朝在澳門內外均設有機構。在澳門城內，設被稱為「提調官」或「守澳官」管理的「提調衙門」，對澳門葡人進行管理，名義上，葡人在澳門需要接受明朝的《條議制澳十則》管制。另外，明朝又設有「備倭」與「巡緝」兩座衙門，「備倭主要負責澳門海域的巡邏與安全，巡緝則負責澳門城內陸上的治安，再加上市舶機關在澳門城內設立的關卡，可以說，在澳城之內，澳門之行政、經濟、軍事及治安均有明朝設置的官吏進行管治。在澳城之外，萬曆年間明政府在塘基環（位於澳城

7　摩爾人（Moors）原意是指中世紀在部分歐洲、非洲和印度地區的伊斯蘭教徒，來自印度果亞的實質也是印度人，他們頭上會裹上頭巾作標記，澳門當地的華人習慣以「摩羅兵」或「摩羅差」稱之。

北部之蓮花莖）設立關閘一座，以把總一員領兵把守；又於香山谷字都的大圍、雍陌設抽盤廠，設海防同知，市舶提舉同香山縣令共同負責對澳門的抽分工作。萬曆末，更設香山參將，先建營於雍陌後移至前山，並建立規模宏大的前山寨，共設有水陸軍兵近兩千人在澳門四周佈防。在行政上廣東各級地方政府均對澳門行使層層的管轄權，兩廣總督隨時可召見澳門夷目。」[8]

雖然明朝設立了這些機構，居澳葡人還是以自治的形式管理其社區的內部事務，「1560 年，居澳葡人已選出駐地首令 (Capitão de Terra)、法官和四位較具威望的商人，形成管理組織，處理社區內部事務。這個後人稱為委員會的組織，就是議事會的雛形。」[9]澳門的議事會，和葡萄牙本土的地方政權運作方式雷同，當時居澳葡人在這個委員會的管理下進行自治，最初遵守中國法律。1580 年，葡萄牙從海外殖民地印度果亞派出王室法官 (Ouvidor) 到澳門，「將葡萄牙法律延伸至居澳葡人」[10]。因為是自治而且採用葡萄牙法律的關係，澳門早期建立的殖民地警政制度，充滿葡萄牙本土的警政特色：軍警合一。

葡萄牙在最初抵澳的時候，依賴船隊的軍事力量處理葡萄牙人社區的防務與治安事宜，這是他們在航海大發現初期累積的經驗 [11]。當時，中日貿易的船隊，會專門由巡航首領船隊帶領進入澳門，「因為每一支船隊都有一定的軍事力量進行武裝護衛，而這支軍事力量的首領就是巡航首領，又被稱為總指揮。在他們居停澳門的過程中，巡航首領擁有對

---

8   湯開建：《澳門開埠初期史研究》（北京，中國：中華書局，1999），頁 208-210。

9   吳志良：《生存之道論澳門政治制度與政治發展》（澳門，中國：澳門成人教育會出版，1998），頁 49。

10   同註 9，頁 52。

11   桑賈伊・蘇拉瑪尼亞姆（Sanjay Subrahmanyam）著，何吉賢譯：《葡萄牙帝國在亞洲：1500-1700》（澳門，中國：紀念葡萄牙發現事業澳門地區委員會，1997），頁 264-268。

當地的軍事指揮權，負責保衛澳門的居民。」[12] 這些在船隊中的軍兵，除了指揮等高級將領是葡萄牙人外，隊中的士兵，有不少是來自非洲的黑人士兵 [13]。

1615 年，鑑於澳門附近海盜問題嚴重，加上船隊的巡航首領離澳後，澳門沒有足夠軍事力量進行全年的防禦，議事會遂要求印度總督派一位軍事首領長期駐守澳門。翌年（1616 年），卡洛告（Francisco Lopes Carrasco）被任命為澳督，但他最終沒有到任。1622 年，英荷聯合艦隊進犯澳門。1623 年，馬士加路也（D.Francisco Mascarenhas）率領 100 名非洲士兵抵達澳門 [14]，正式就職成為澳門的首任總督。抵澳後，馬士加路也立即開始了修建炮台、碉堡和城牆的工作，為澳門的軍事防禦設施的完善做出很大的貢獻。在他帶來的 100 名非洲士兵的基礎上，馬士加路也又任命了上士、上尉和指揮 40 門火炮的炮兵上尉；招募了士兵，向他們支付高額的伙食費和軍餉；組建了一支 200 人的步兵連，還開始在澳門鑄造火炮。「這是西方軍隊正式進入澳門的第一次記錄。」[15] 此後，葡萄牙一直有從葡屬殖民地派出軍隊到澳門負責防務以至治安的傳統，軍隊聽命於澳門總督，而且，不少總督本來就是軍隊將領。而在本土建立的專責治安的警隊，則到十七世紀末才正式出現。

1691 年 3 月 14 日，澳門議事會因應葡萄牙憲章（Alvará Régio de Portugal）的規定，在澳門正式任命巡邏隊隊長（Capitães da gente de Ordenança），這個日期被澳門治安警察（Polícia de Segurança

---

12　　湯開建：《天朝異化之角：16—19 世紀西洋文明在澳門》（下卷）（廣州，中國：暨南大學出版社，2016），頁 436。

13　　Jayasuriya, Shihan De S., Pankhurst, Richard ed., *The African Diaspora in the Indian Ocean* (Trenton: Africa World, 2003).

14　　同註 13。

15　　同註 12，頁 436-437。

Pública）訂定為其成立紀念日 [16]。當時的軍隊和市議會委任的巡邏隊，都可以負責澳門的治安工作，像 1712 年澳門議事會就曾經致函澳門總督，說明「鑑於本市公民隨船出海，單由市巡邏隊士兵巡夜無法防止習慣於夜間出沒的中國小偷為非作歹。本議事會故請求閣下下令派你的士兵在每天後半夜到天亮幫助巡邏，因為這段時間最令人擔心，但星期天則仍由市巡邏隊負責。」[17]1719 年，澳門巡邏隊設立了三座固定的警營，並被稱為「堅屋」（Casas Fortes），相當於早期的警察局。三座堅屋分別設於聖老楞佐堂、聖安多尼堂及主教座堂，每座堅屋分別由一名指揮官及獲分配的七人軍隊（即秩序兵）負責。這支只有 20 多人的警隊，負責「常年放哨，擔任警戒。當然，夜間和特殊情況下（如船隻抵達駛離），看守澳門內港，特別是大堂區和風順堂區。當時這兩個區像今天一樣是人口最密集的地方，又是商業最繁榮、刑事犯罪活動最猖獗的地方。」[18]

從馬士加路也開始，葡萄牙從印度派駐澳門的總督雖然可以指揮澳門的駐軍，但實際權力不大，而且經常受到議事會的制約和干預，也無權指揮由市議會任命的市巡邏隊。「1783 年 4 月 4 日，(葡萄牙) 海事暨海外部部長卡斯特羅 (Martinho de Melo e Castro) 以女皇唐娜‧瑪麗亞 (D. Maria I) 的名義，向印度總督發佈聖諭（後人俗稱《王室制誥》），授予總督必要的權力，以便主導澳門地區的政治生活。」[19]「從此，總督有權干預澳門葡人內部管理的大小事務，對議事會決策有否決權。」[20]

16　　澳門治安警察局：〈歷史發展〉，澳門治安警察局網頁，檢自 https://www.fsm.gov.mo/por/history/history.aspx，瀏覽日期：2018。

17　　施白蒂（Beatriz Basto da Silva）著，小雨譯：《澳門編年史：16-18 世紀》（澳門，中國：澳門基金會，1995），頁 84。

18　　同註 13。

19　　吳志良：《生存之道論澳門政治制度與政治發展》（澳門，中國：澳門成人教育會出版，1998），頁 98。

20　　同註 19，頁 99。

1784 年，澳督運用《王室制誥》授予的權力整治警隊，「澳門警察被來自印度的一營為數 150 人的正規軍所取代。該營印度警察從此開始管理本澳的治安，並負責本澳的巡邏及防衛工作。」[21] 該批來自印度的軍隊就是澳門俗稱的「摩羅兵」[22]。1810 年，受葡萄牙的保皇派和立憲派鬥爭波及，「摩羅兵」被取代，澳門成立了支持保皇派的攝政王營 ——「葡印統督通告，表示殿下允許設立一個營以守衛澳門，取名為『攝政王營』。該營設有四個連，人員約 400 人。」[23]1822 年，葡萄牙推翻君主專制的立憲派革命勝利消息傳至澳門，攝政王營被解散，澳門警隊恢復「堅屋」制度，警隊由議事會任命。

此後的近百年，因應葡萄牙政局發展、澳門局勢和社會發展狀況，警隊出現了很多變化。像鴉片戰爭期間的 1841 年 5 月 3 日，王室批准了《澳門城及港口警察章程》[24]，政府委員會向市民呼籲，「凡無傷病與正常之障礙，可以參與保護本市者，均須盡力保障本市目前非常時期之安全，因此，宜成立一個員警廳，由全體因年齡、疾病或其他原因豁免參加臨時營部隊之市民組成。」[25] 這相當於澳葡政府創立了由公民組成的一支警察部隊。自 1857 年至 1863 年，澳督基瑪良士（Isidoro Francisco Guimarães）發佈了多項政令，先是籌建市集守衛隊，「對市集守衛隊的經費、人員、權責、懲戒，薪酬和服裝等做出了詳細規定。市集守衛隊的經費來源於市集商人的捐贈。……雖然政府不負責市集守衛隊的經費，但擁有最高決定權。市集守衛隊只能服從政府總兵營

21   澳門治安警察局：〈歷史發展〉，澳門治安警察局網頁，檢自 https://www.fsm.gov.mo/por/history/history.aspx，瀏覽日期：2018。

22   Jayasuriya, Shihan De S., Pankhurst, Richard ed., *The African Diaspora in the Indian Ocean* (Trenton: Africa World, 2003).

23   同註 22。

24   文德泉（Monsignor Manuel Teixeir）著，軍波譯：〈阿爾諾索伯爵筆下的澳門〉，《文化雜誌》（中文版），第 7-8 期（1989），頁 63。

25   湯開建：《天朝異化之角：16 — 19 世紀西洋文明在澳門》（下卷）（廣州，中國：暨南大學出版社，2016），頁 458。

（Quartel-general do Governo）的命令和指導；該隊的指揮必須由政府任命；該隊隊員也必須由政府挑選的葡人組成，並且隊員人數不得超過50人。」²⁶ 事實上，基瑪良士根據 1857 年市集守衛隊法令任命的費爾南德斯（Bernardino de Senna Fernandes），就被政府官方確認為澳門歷史上的第一任治安警察廳廳長²⁷。1861 年 10 月 11 日澳門警察部隊成立²⁸，收編整合了原來的市集守衛隊，同時發佈《澳門員警部隊條例》10 章共 43 條，對警隊的組織、行政、財政收支、薪酬、訓練、服務時間及記到方式、工作內容、懲罰、服裝、武器裝備都有所規限。像「第二條規定，員警部隊司令由澳葡政府任命，可從炮兵營軍官中挑選，也可從獲得政府信任的市民中選出。第四條規定，員警部隊分為若干區（待定），每區由 74 名士兵組成：1 名一級士官，2 名二級士官，6 名小隊長，1 名小號手，64 名士兵。第七條規定，員警部隊由一個永久委員會管理，該委員會由 4 人構成：1 名主席由部隊司令擔任，2 名委員由軍官擔任，1 名秘書由一級士官出任。」²⁹ 至此，基瑪良士已經成功將澳葡警隊從市議會脫離，直屬澳督領導的澳門政府。

1862 年基瑪良士又發佈政令成立海事警察支隊（Policia do Mar do Porto de Macau），直屬於陸上警察廳廳長管轄，完善員警職能³⁰。澳督蘇沙（António Sérgio de Sousa）到任後，在 1869 年 5 月 31 日發佈訓令，將澳門員警廳正式納入澳門軍事組織的編制。「在此之前，警隊士官並無晉升權利，但從該日起，士官均依照一般的晉升法令，與前線作戰連的士官一樣，可獲晉升為軍官。」³¹ 1879 年 1 月 18 日，警察部

---

26   同註 25，頁 459-461。

27   同註 21。

28   同註 24。

29   同註 25，頁 459-461。

30   同註 25，頁 459-461。

31   同註 25，頁 459-461。

隊解體，被澳門警察衛隊取代 **32**。1895 年 8 月 16 日，總督高士德（José Maria de Sousa Horta e Costa）因應清朝局勢變化，頒佈政令將澳門警衛隊和澳門炮兵連同時撤銷，改編為兩個作戰連，軍警完全合一編制，由參謀部指揮，第一連的官兵全由葡人組成，第二連由 1 名海外編制上尉指揮，摩羅人 **33** 和華人最高可以擔任「伍長」這個中級職位 **34**。此時，澳葡警隊與港英警隊的組織相似：葡人領導，有摩爾人等「陌生者」加入管理，但華人和摩爾人只可以擔任殖民地警隊的中下層職位。

1912 年，受葡萄牙政局影響，軍警合一制度被廢除，澳門政府重新成立警務局。1920 年 4 月 8 日，「澳門委員會警察局總章程」獲得通過；但這一章程於 1937 年被「澳門治安警察廳章程」所取代，澳門治安警察廳開始享有自治管理權 **35**。「1960 年 8 月 19 日，澳葡政府頒佈了第 43125 號法令，在澳門設立了司法警察署，目的是將海外（指澳門）的偵查與預審部門集中在一起，以便在葡萄牙憲法和刑事訴訟法確立的原則基礎上，以最佳的模式打擊犯罪活動，維護社會治安。」**36** 這支相當於由法院管理的部隊的成立，令澳門開始過渡至雙部隊警政制度，即治安警察（PSP）**37** 和司法警察（PJ）**38** 兩個互不隸屬的獨立執法機構。1974 年 4 月 25 日，葡萄牙爆發革命，革命後成立的新政府開展海外

32　湯開建：《天朝異化之角：16 — 19 世紀西洋文明在澳門》（下卷）（廣州，中國：暨南大學出版社，2016），頁 459-461。

33　包括來自葡屬東非及果亞的伊斯蘭教士兵。

34　Eduardo A. Veloso e Matos., *Forças de Segurança de Macau* (Macau: Museum de Macau, 1999), pp.40.

35　同註 32。

36　澳門司法警察局：〈歷史〉，澳門司法警察局網頁，檢自 http://www.pj.gov.mo/Web//Policia/history.html，瀏覽日期：2018。

37　治安警察局在回歸前屬保安事務司（保安部隊）轄下的治安警察廳，回歸前的治安警察廳長職位等同回歸後的治安警察局局長。為免混淆，本文一概用「治安警察」統稱回歸前後的警察部門。

38　司法警察局在澳門回歸前名為司法警察司，在司法事務司轄下。由於回歸前的司級部門相當於回歸後的局級部門，為免名稱混亂，這裏將一概用「司法警察」統通稱回歸前後的司法警察部門。

殖民地的非殖民地化進程。1975 年，葡萄牙政府以革命委員會的名義發佈第 705/75 號法令及第 706/75 號法令 [39]，重組澳門的軍事和治安機構，宣佈成立澳門保安部隊，負責管理警員的澳門治安警察廳納入澳門保安部隊，澳門地區軍隊的獨立指揮部被撤銷，相當於葡萄牙不再在澳門駐軍，澳門進入由警察負責治安的時代。

治安警察（PSP）

治安警察（PSP）有超過四百年的歷史。早於 1691 年 3 月 14 日，葡萄牙政府頒佈命令，規定士兵晚上需要在城中巡邏，這個日期被視為「治安警察紀念日」。澳門開埠早期，澳門由葡萄牙的軍事人員管理，軍官通常是上校級別，擔當當時的治安巡邏隊的領導工作。1857 年 9 月 29 日，總督基馬良仕（Isidoro Francisco Guimarães）頒佈法令，制定了「警員條例」(Policia do Bazar)，治安警察的編制才正式制度化。1861 年 10 月，基馬良仕又建立了澳門警員總隊，訂下「打擊犯罪，維護澳門和平」的任務綱領。1914 年，總督馬亞（Maia）批准警察部門負責人 —— 丹尼爾・費雷拉（Daniel Ferreira），把警員部門從軍隊中分離出來，並成立了民警。1937 年，民警更名為「殖民地澳門的安全警員部隊」(Corpo de Polícia de Segurança Pública da Colonia de Macau)。1975 年，葡國駐軍撤出，廢除澳門地區獨立指揮部 (Comando Territorial Independente de Macau, C.T.I.M.)，在聖方濟各修院 (O Convento De S. Francisco) 建立了澳門保安部隊 (Forcas de Seguranca de Macau, FSM)，治安警察升級為廳，與水警稽查隊 (Policia Maritima e Fiscal, PMF)、消防隊 (Corpo de Bombeiros, CB) 以及市政警察 (Poilcia Municipal, PM) 並列，並設立「司令部」，受保安

39　澳門政府：《澳門政府公報》(1976)，澳門政府印務局網站，檢自 https://bo.io.gov.mo/bo/i/76/04/bo04_cn.asp?mobile=1。

政務司指揮。[40]1976 年，澳門保安部隊司令部發佈第 43/76 批示，授予市政廳長指揮和管理市政警察的權力，市政警察其後歸市政廳管理，逐漸改變職能，不再具有管理治安的職能。這個架構一直運作至 1991年，澳門保安部隊司令部被撤銷，由澳門保安部隊事務司 (Direccao de Servicos das FSM, DSFSM) 取代。

當年，治安警的任務綱領為「捍衛公共利益，維護治安」，軍裝警員佩槍在街上巡邏，市民常常能看見警員處理交通問題、執行交通法規、宣傳犯罪防治、初步調查案件以及在銀行和賭場外站崗值班。治安警的訓練由葡國軍官負責，並通常由懂葡萄牙語和粵語雙語的土生葡人 (Macanese) 協助。[41] 在完成六個月基本訓練，並宣誓效忠葡國政府後，便會被派遣執勤。葡萄牙軍事法為治安警察的日常管理法律依據。1994年，澳葡政府頒佈澳門軍事化人員通則（第 66/94/M 法令），類似香港的「警察通例」(Police General Order, PGO)，規範了治安警的組織、指揮架構、職責、單位分工、警員的行為，甚至薪金級別及薪俸點（即「點數」）。如有警員違規，會被紀律聆訊和送交軍事法庭審理。警員如涉嫌犯罪，初步偵查會由刑事法庭的一個法官負責指令司法警察進行。軍事法庭訴訟則由兩名軍事法官和一名資深民事和刑事法官共同主持，而法官必須是比被告更高軍銜的軍官。

40　澳葡政府在 1999 年撤退的前夕，保安政務司辦公室曾出版特刊，回顧葡國管治澳門四百多年來警務機關的演變歷史。見澳門保安政務司辦公室：《澳門保安部隊》(Forcas de Seguranca de Macau)（澳門：澳門保安政務司辦公室，1999），頁 17-23。總括來說，1999 年回歸中國前，澳門保安部隊經歷了數次指揮架構改組及名稱的改變，而一般華籍市民，由於語言阻隔及資訊的封閉，對此所知不多。這冊官方出版的刊物，可說是除了政府年報以外，首次詳細介紹保安部隊的創建及發展。

41　澳葡年代治安警察廳的架構、職能及運作概況，可參見澳門保安政務司辦公室：《澳門保安部隊》(Forcas de Seguranca de Macau)（澳門：澳門保安政務司辦公室，1999），頁 37-125。特區年代的治安警察局資料，則可以參考《澳門保安部隊歷史資料》的引述，「法定的任務主要源於 2/1999 法律《政府組織綱要法》及 6/1999 行政法規《政府部門及實體的組織、職權與運作》的規定」，頁 19。

治安警採取一如香港警察的官階制度，分為員佐級及督察級人員，只是名稱有所不同。澳門的「基礎職程」人員相當於香港的員佐級人員，包括警員，高級警員，副警長，警長；而澳門的「高級職程」相當於香港的督察級人員，由副警司起，到警司，副警務總長以及警務總長，而領導則是副警務總監以及警務總監。部門內亦有專業職程，例如樂隊，機械人員等均屬於特別職程。有趣的是，他們的職稱和其他紀律人員是一樣的。

司法警察（PJ）

澳門的司法警察制度在 1960 年 8 月 19 日正式成立，最初的名稱為「司法警察署」，根據法令 43125 成立。該法令確立葡國海外殖民地刑事案的調查及審理程序。司警的法定職責為根據葡萄牙共和國憲法與刑事訴訟法來打擊罪行與保障社會安全，它會負責預防犯罪的宣傳，為司法機關進行調查，以及與國際刑警組織和其他海外保安機關聯繫。[42]司警在 1961 年取代了當時治安警察廳的「華探部」，有 14 位從治安警轉職過來的人員。1971 年，司警署升格為司警廳，再在 1975 年成為「司法警察司」，根據第 705/75 號法令，「澳門司法警察司在行政上直屬澳門總督，而在刑事訴訟的運作上由葡萄牙檢察長指導。」[43]1979 年，澳門立法會頒佈了《司法警察司組織法》（第 19/79/M 號法律）[44]，「規定司法警察司為一負責刑事偵查、犯罪預防及協助司法當局的直屬

42　根據司法警察局的網站，司法警察局正式成立於 1960 年 8 月 19 日，最初命名為「澳門司法警察局督察」。它根據 43125 號法令成立，主要規管葡萄牙海外殖民地（包括澳門）的調查程序和刑事案件的初審。司法警察局的職責是根據葡萄牙共和國憲法與刑事訴訟法來打擊罪行與保障社會安全。可參閱澳門司法警察局網站 http://www.pj.gov.mo/Web/Policia/history.html

43　引自司法警察局網站 http://www.pj.gov.mo/Web//Policia/history.html

44　詳見澳門法律網 https://bo.io.gov.mo/bo/i/79/31/lei19_cn.asp

澳門總督的警察部門，在進行刑事偵查時接受檢察院的指導，但有權對所有不予起訴的案件進行歸檔。司法警察司司長由法院或檢察院的司法官出任，副司長一職也於 1986 年通過的第 34/86/M 號法令規定，必須由澳門總督在法院或檢察院的司法官，或一等督察，或至少從事法律工作五年的法學士中任命。」[45] 這個規定，確保司警的負責人是法官或檢察官，有刑事起訴和獨立審判的權力。從 1991 年起，司警司為「司法政務司」轄下部門，並非由治安警所屬的「保安政務司」所管轄，司警司長同時向司法政務司及葡萄牙檢察總長負責，完全獨立於治安警察運作。[46] 司法人員如果要獲得升遷至「署長級」，根據法例，還必須要遠赴葡萄牙修讀司法課程，經考試合格獲頒文憑才可獲考慮。[47] 正是如此，司警成立之初，已經由曾接受法律專業訓練的人員管理，基本上與由轉職軍人指揮的治安警完全不同。

雙部隊的矛盾與衝突

澳門自 1960 年開始確立兩支警隊同時運作的「歐陸式」（或稱「大陸式」）警政制度，參照葡萄牙本土在二十世紀中期確立的體制而建立。治安警察（八十年代前稱為「保安部隊」）負責治安、出入境、海關，以至消防服務的日常管理；司法警察在組織架構上並不隸屬於保安範疇，而是屬於司法管轄範圍，主要負責把治安警轉交的刑事案件，進

45　引自司法警察局網站 http://www.pj.gov.mo/Web//Policia/history.html

46　1975 年 12 月 19 日，司法警察廳被提升為司法警察司，在行政上直屬澳門總督，而在刑事訴訟的運作上由葡萄牙檢察長指導。1979 年 8 月 4 日澳門立法會頒佈了第 19/79/M 號《司法警察司組織法》，規定司法警察司負責刑事偵查、犯罪預防及協助司法當局，在進行刑事偵查時接受檢察院的指導。司法警察司司長由法院或檢察院的司法官出任。可參閱澳門司法警察局網站 http://www.pj.gov.mo/Web//Policia/history.html

47　澳門日報：〈司警署重組提案交立法會，多名葡人來澳加入領導層〉，《澳門日報》，1989 年 4 月 18 日。

行調查及檢控的工作。這是強調明確分工的歐洲大陸式刑事司法系統，直接由葡萄牙移植過來，在亞洲其他城市並不常見。這種制度，經常令生活在英式普通法制度下的香港居民覺得匪夷所思，因為香港實行的，是強調司法跟行政執法分開的普通法制，澳門這個雙部隊制度強調的是司法介入警務的歐陸法制，兩者制度分野非常明顯，理念根本不同。

首先，這種模式的警政分工，因為兩支警隊分別隸屬不同的決策機關，獨立運作，很容易出現機構之間的互不信任、猜疑，甚至競爭。治安警察由保安司司長管轄，而司法警察則直接向司法事務司司長負責，這意味着司警人員不需要亦不應該服從治安警的指令。同時，儘管司警不是「軍事化人員」，並不具備保安部隊的紀律部隊人員背景，但由於調查案件所需，在法例上他們可以正式向治安警尋求協助，有權力要求治安警調用其人員（包括負責出入境及消防的人員等）協助調查工作。在 1999 年前，司警的規模都遠比治安警察小 [48]，卻需要負責調查澳門發生的幾乎所有刑事案件，工作量極大。這個在葡國行之有效的安排，在澳門，卻因為司警人員數目小，工作量大，成為爭拗的一大泉源。

如根據澳門的《刑事訴訟法典》等相關法律 [49] 規定，任何涉及價值澳門幣三萬元或以上，或可處於三年監禁或以上的刑事案件，都必須交由司警作後續調查和起訴。由於司警的規模一直比治安警察局的小得多，這個相對較低的門檻，很容易令兩個部隊因工作而產生摩擦。而且，1960 年司法警察司成立之前，所有的刑事調查都是由治安警察廳的華探執行的，此後治安警察局和司法警察局有一些管轄範圍重疊，就是因為「華探」傳統令兩者都能進行刑事調查。很多時治安警不能介入他們認為有力並適合開展刑事案件的調查工作，因為法律明文規定這屬司警的「專屬職權」。例如有些小型的扒手和店舖盜竊等案件，治安警

---

48   1999 年，司法警察局只有 400 人，治安警則有 3000 人。

49   澳門的《刑法典》、《刑事訴訟法典》以及司法警察局的組織法（第 5/2006 號法律）都與此有關。

到場處理後，如發現涉及金額達三萬元，竟要花上數小時，等待經常處於人手不足狀態的司警人員到場接手跟進。久而久之，許多治安警會為司警同僚的「低效率」感到惱火，甚至對這個合作夥伴感到不滿。

除了規模大小不同、職責安排的爭議外，兩個部隊之間的重大分歧還可以理解為它們獨立招聘、培訓和具有不同薪酬機制的結果。兩個部隊的人員不是通過統一的機制招聘。司警有自己的招聘及培訓機制，由部門內部的人員負責，基本上完全獨立於治安警的入職與訓練系統。相較於治安警，因為司警屬司法系統，他們更在意求職者的學歷及專業背景，入職者要求一直比治安警的「基礎職程」高，初級職位也和警員不一樣，是澳門政府專業職程的「技術員」銜頭。

至於治安警的招聘，則是保安事務司轄下的一個招聘辦公室負責。「高級職程」需要投考保安高等學校學位課程，投考成績合格，按當屆入讀名額而擇優取錄，在修畢為期四年課程，並通過六個月的實習期後，可以獲得學士學位，並會被任命為相當於副警司的職級。「基礎職程」的初級警務員則是通過大規模的公開招聘進行遴選，在九十年代，入職要求仍然只要求小學程度，獲取錄者通過約年半的培訓就會被任命為警員（PC）。由於學歷較低的緣故，縱使曾在警校接受帶薪的職前訓練，大部分的治安警員語文能力差強人意，對本地法律制度及理念也所知有限。更重要的是，保安當局甚至不會對新入職者進行背景審查，只會要求提交被俗稱為「良民證」的無犯罪記錄證明。

司警和治安警之間教育水平和培訓內容的不同，還使其相互之間產生猜疑。不時有報道指司警人員懷疑他們治安警同僚的能力；相反，治安警則感覺受到歧視。在 2008 年特區政府統一兩個警察部隊的入職薪酬為 260 點 [50] 以前，司警曾經長期比治安警高薪。以 1997 年為例，新

50　澳門的治安警入職起薪點長期為 180 點而司警則為 260 點。回歸後特區政府曾經兩次調整警員學歷及起薪點，2002 年從 180 點提升至 195 點，2008 年再提升至 260 點。詳細請參閱澳門政府公報網站，https://images.io.gov.mo/bo/i/2006/20/lei-4-2006.pdf，以及 https://images.io.gov.mo/bo/i/2008/16/lei-2-2008.pdf

入職的司警「技術員」，參考澳門公務員的薪級表，月薪為 260 點，但治安警察入職時卻只有 180 點，當年 1 點的薪酬相當於澳門幣 50 元 [51]，也即是說達到 4,000 元的差距。在薪級表上的差異不只是薪酬的分野，更令人覺得司法警察比治安警察「高級」。被視為「低級」的治安警，直覺受了不公平的對待。不少治安警察覺得自己受到政府當局的歧視，他們認為治安警「冬涼夏暖」，全天候要戶外工作，怎麼也不能比只在空調房間工作的司警同僚來得舒服。當然，這感覺可能只是片面的誤解，司警也要通宵達旦在犯罪現場搜證，但兩個部隊之間卻有因為薪資差異而出現的嫌隙。

這個相對複雜的「歐陸式」警政架構，成立後歷經改組，但兩個隊伍的矛盾依然。回歸後的 2000 年，特區政府決定設立「警察總局」，將兩支警隊納入，自此，警察總局負責統領和協調兩支警隊的合作。[52]

葡人領導的「非本地」警隊

澳葡時期警務工作的另一個重要特徵，是非本地軍事人員領導的部隊和當地社會存在着明顯的隔閡。兩支警隊的低層警員雖然以華人為主，但高層人員都是操葡語的葡國人或土生葡人，他們很少公開露面，甚少和說粵語的本地人交流，亦不在意向公眾解釋他們的工作，公眾當然對警察的了解不多，亦容易產生誤解。而且，葡萄牙在二戰之後經歷

---

51   參閱澳門政府公報，網站：https://images.io.gov.mo/bo/i/97/28/bo-i-28-97.pdf

52   2012 年 12 月前，澳門的警務部門的組織如下：保安司司長負責監督兩個現役警察部隊，即保安部隊（Forcas de Segurança de Macau）和司法警察局（Polícia Judiciária），同時管理澳門海關（由水警演變而來的，於治安警察局轄下）及澳門監獄。保安部隊下設有治安警察局，保安事務司，保安高等學院（Escola Superior das Forcas de Segurança de Macau）和消防局。治安警察局豁下再分有幾個部門，包括移民局，特警，澳門警區，離島警察局，保安高校和交通部。不過保安司司長外又設有警察部門負責人 —— 警察總局，負責指揮及監管治安警察局和司法警察局。詳情見澳門特別行政區政府網站。

了軍事獨裁，澳葡政府在治安警察廳轄下成立「華探部」，當時華人猜測這些人員實際上是葡國政府的間諜。回歸前，本地華人對警隊信任度不高，認為警隊是殖民政府的代表，只會維護葡萄牙人的利益。

　　造成市民和警隊隔閡的另一個原因，是語言引致的法律問題。自1849 年澳葡政府強行對澳門進行殖民管治開始，澳門實行的葡國法律或本地法律，理論上應該有中譯本，讓被管治的華人了解和遵循。但澳門政府的法律中譯工作效率極低，有不少法律不是沒有被翻譯成中文就是中譯本不是正式文本。警隊當中，只有極少數就職於司法警察和治安警察的人員，具有專業法律知識，可以向普通大眾解釋法律。與警方執法工作息息相關的刑法和刑事訴訟法，即使在二十世紀八十年代中，中文已經被澳葡政府列為與葡文並行的法定語文，兩部影響刑事偵查及審訊工作的法典，都要待 1999 回歸前兩三年才有中譯本 [53]：《澳門刑法典》的中文版於 1995 年在澳門才正式頒佈並在翌年生效；中文版本的《刑事訴訟法典》還要在 1996 才頒行，在這之前澳門一直應用的是1886 年頒佈的《葡萄牙刑法典》[54]。這令葡治時期的大多數時間內，因為無法理解葡文法律，政府亦沒有主動嘗試令法律本地化，本地華人傾向於用非法律途徑來解決爭端（例如私下談判）。有需要時，他們寧願向社會團體尋求協助，也不會信賴警方。「顧好自己、遠離政府」的想法在華人社群大行其道，中國傳統諺語所說「生不入官門」和「好仔不當差」，經常被引用來形容澳門市民對警隊的評價。這說明，葡國政府治理澳門華人居民時，其實採取了「隔離」的策略，警政機關與民眾疏

53　　澳門法庭的審訊，在九十年代起可以用中文。《刑法典》及《刑事訴訟法典》到了九十年代中才頒佈中文版本；而到了 1998 年，其他的「三大法典」《民法典》、《民事訴訟法典》及《商法典》仍然未完成中文的翻譯版本。另一方面，連具體規範司法體系的《司法組織綱要法》，到了 1998 年 11 月仍然未能完成中文翻譯。這兩個例子，可以顯示出「本地化」的落實出現問題。（《澳門日報》，1998 年 11 月 17 日。亦可參閱〈政府着手檢討五大法典〉，《澳門日報》，2005 年 11 月 24 日）。

54　　載於 1886 年 12 月 14 日第四十九期《澳門政府公報》副刊。

離，未能獲得市民的信任。

這些因素使治安警察與司法警察很難與其所服務的社區建立良好關係，所以警民間缺乏信任。

本地化進程緩慢

澳葡時期警務架構的另一特點，是「三化」緩慢，令市民對兩支警隊更加缺乏信心。《中葡聯合聲明》在 1987 年簽署，澳門踏入過渡期，澳葡政府對北京政府承諾，逐漸進行「三化」：「公務員本地化」、「法律本地化」及「官方運作中文化」，即同意日後成立的澳門特區政府，主要官員應當是中國公民，不允許持有海外公民身份的人擔任。這一規定使得本土化問題變得十分尖銳。九十年代，警隊高層仍是葡人，即使有人員流失，仍有部分職位由葡裔人士填補空缺，本地華人晉升緩慢，亦沒有實戰經驗。[55] 因為大部分在治安警察工作的指揮官都是葡裔，而司法警察的領導大部分都是在葡萄牙里斯本接受專業法律訓練，警察局內工作的華人高層很少。

八九十年代，治安警曾經嘗試大規模招聘本地人員。本來公務員職位收入穩定，有職業保障，在澳門十分吃香，但仍未能吸引足夠優質人才投考。澳門人口中，內地移民為數眾多，當時只有在本地出生的永久公民才具投考資格，令合資格申請入職人數不多；對警務工作有興趣的，也因軍事化訓練及紀律約束卻步；警隊亦要面對私人機構，尤其是旅遊娛樂公司的人才競爭，因為他們開出的薪酬，比警隊優厚很多。最重要的因素，是治安警察因為醜聞而聲譽欠佳。機構缺乏制度，領導層

55　　參考當年報章的報道，儘管 1975 年起，澳門已經沒有葡國駐軍，但截至 1997 年，澳葡政府內仍然有多達 88 名軍人，在不同的政府部門任職。見《澳門日報》，1997 年 12 月 2 日。

與普通警員的代溝以及新晉升的華裔官員缺乏領導經驗，都使得加入警隊看起來沒有吸引力。[56]

所以，回歸前夕，警隊的領導仍然由葡人擔任。1998 年 3 月，治安警察才有第一批華人指揮官，即警務總監；直至 1999 年 3 月 14 日治安警才由會說廣東話的土生葡人白英偉出掌負責人，成為首位本土出生的澳門治安警察廳廳長。[57] 司警從成立開始直至回歸前夕，一直由葡人領導，首位華人負責人黃少澤在 1999 年 12 月才開始代任司法警察局局長（回歸前稱為司長）。[58]

附表 3.1：澳門警政大事年表

16 世紀中葉至 16 世紀末	受早期中葡分治格局影響，葡萄牙人於 1557 年在澳門（古稱濠江、濠鏡）建立受明朝認可的居留地，名義上，居澳葡人需要接受明朝的（《條議制澳十則》）管制，在澳門城內，明朝設有機構管理澳門的行政、經濟、軍事及治安事務，而且在行政上廣東各級地方政府均對澳門行使層層的管轄權，兩廣總督隨時可召見澳門夷目 —— 即澳門的葡萄牙人首領。實際上，葡萄牙人從一開始即嘗試進行內部自治，1560 年組成後來被稱為議事會的組織，由居澳葡人自行選出領袖管理社區事務。當時葡人社區沒有警隊，最初依賴船隊的軍事力量處理葡萄牙人社區的防務與治安事宜。

56　當年治安警察的中層人員流失問題嚴重，空缺達 600 人。見《澳門日報》，1989 年 7 月 16 日。

57　詳見 https://www.fsm.gov.mo/psp/cht/psp_org_2.html

58　當時不時有報章報道，澳葡政府並沒有認真執行《中葡聯合聲明》中警隊管理人員在 1999 回歸前本地化的協議。其中，1990 年所謂「三・二九」的無證居民街頭騷亂事件，就被認為是警隊中新到任的葡籍管理層不理解澳門社會所引致，華籍人員未能獲得重用，亦難以獲晉升。〈葛多華傳退休與警官本地化〉，《新華澳報》，1990 年 10 月 25 日。〈實現警本地化的必由之路〉，《新華澳報》，1990 年 10 月 17 日。

(續上表)

17 世紀 中葉至 17 世紀末	明朝滅亡後，清朝沿用舊制，對澳門擁有管治權。同一時期，葡萄牙也加強對澳門的管治。十七世紀英荷聯合艦隊進犯澳門，1623年，首任總督馬士加路也（D.Francisco Mascarenhas）率領 100名非洲士兵抵達澳門，在非洲士兵的基礎上再招募士兵，組建了一支 200 人的步兵連，在澳門鑄造火炮，修建炮台、碉堡和城牆，負責澳門防禦工作，西方軍隊正式進入澳門管理防務和治安。 同時，清朝政府亦於十七世紀末設粵海關主理澳門關稅事務，在地理環境上澳門政務由香山縣管轄，因此，澳門治安管理在實際上有清葡兩制存在，葡軍主要管理葡人及澳門內秩序，一旦事件牽涉華人就多由清政府管理。
1691 年 3 月 14 日	葡萄牙政府頒佈命令，規定士兵晚上需要在城中巡邏，澳門議事會因應葡萄牙憲章規定，在 1691 年 3 月 14 日正式任命澳門的巡邏隊隊長，這個日期被澳門治安警察訂定為其成立紀念日。當時的軍隊和市議會委任的巡邏隊，都可以負責澳門治安工作。
1719 年	澳門巡邏隊設立了三座固定的警營，並被稱為「堅屋」（Casas Fortes），相當於早期的警察局。三座堅屋分別設於聖老楞佐堂、聖安多尼堂及主教座堂，每座堅屋分別由一名指揮官及獲分配的七人軍隊（即秩序兵）負責，是一支只有 20 多人的警隊。
1784 年	澳門警察由印度一營 150 人的正規軍取代，此營的印度警察由此年開始管理澳門治安警務，該批來自印度的軍隊就是澳門俗稱的「摩羅兵」。
1841 年	葡萄牙王室訓令核准《澳門城市及港口警察章程》，成立由警察和市民組成的警察部隊。
1857 年	9 月 29 日，總督基馬良仕（Isidoro Francisco Guimarães）頒佈法令，籌建由市集商人捐贈經費組成的市集守衛隊，制定了「警員條例」(Policia do Bazar)，治安警察的編制正式制度化，費爾南德斯（Bernardino de Senna Fernandes）被任命為隊長，是政府官方確認的澳門歷史上第一任治安警察廳廳長。
1861 年	政府決定在制度上進一步正規化「市集守衛隊」，透過該年 10 月 11日第 24 號批示，正式把「市集守衛隊」規劃成澳門警察，同時發佈《澳門員警部隊條例》10 章共 43 條。
1862 年	澳門警察廳組建海事員警支隊（Policia do Mar do Porto de Macau），直屬陸上警察廳長。
1868 年	海事員警支隊更名為「澳門港務警察」。
1869 年	澳門警察廳獲得軍事組織編制，晉升系統軍事化。同年，澳門政府頒佈了《澳門警察廳規章》。

（續上表）

1879 年	澳門警察廳被解散，重新確立警務工作准則，成立澳門警衛隊，並於 1886 年正式頒佈《澳門警衛隊總則》：第一章 —— 警區之劃分與警衛隊之組織；第二章 —— 警營之位置及值勤之一般方式。
1895 年	總督高士德（José Maria de Sousa Horta e Costa）將澳門警衛隊和澳門炮兵連同時撤銷，改編為兩個作戰連，軍警完全合一編制，以應對清朝局勢變化。
1914 年	總督馬亞（Maia）批准警察部門負責人 —— 丹尼爾·費雷拉（Daniel Ferreira），把警員部門從軍隊中分離出來，並成立了民警。
1920 年	澳門政府將治安警察歸入警司處體系之中，並頒佈「澳門委員會警察局總章程」，規定了警司處的任務及上層架構。
1922 年	白眼塘發生嚴重警民衝突。近萬名市民和工人包圍警署，通宵聲援及要求釋放三名涉嫌毆打一名非洲籍葡國士兵而被捕的工人，但遭警方拒絕。事件起因是有工人懷疑非籍葡兵在新馬路調戲華人婦女，於是毆打該葡兵，期間不斷有民眾加入，最後葡警到場以擾亂治安為由，拘捕三名工人，消息傳開後，居澳華人即包圍警署，其後軍警向在場民工開槍鎮壓，導致 70 死 130 多人受傷。
1924 年	路環發生企圖越押（走犯）事件。多名囚犯在執行填海工作時發動叛亂，搶去保安人員配槍，企圖乘搭接應之小艇，雙方駁火，致使一名葡軍中士、一名監獄保安及四名囚犯身亡，最終事件被成功壓制，無囚犯成功逃脫。
1932 年	澳葡政府將一切文書事務警員（非軍方警員）歸入警司處的管理當中。其中行政警察及刑事偵查警察之職務，由治安警察警官擔任。
1937 年	澳葡政府頒佈「澳門治安警察廳章程」，民警更名「殖民地澳門的安全警員部隊」，治安警察廳廳長確立為獨立於不同鎮區行政官之外的職務，並由一名受過軍事訓練的葡國陸軍上尉或中尉出任廳長，而治安警察廳直接隸屬於殖民地民政事務局，開始享有自治管理權，其時人員編制共 631 人。
1960 年	8 月 19 日，澳葡政府頒佈了第 43125 號法令設立司法警察署，確立葡國海外殖民地刑事案的調查及審判程序。司警的法定職責為根據葡萄牙共和國憲法與刑事訴訟法來打擊罪行與保障社會安全，負責預防犯罪的宣傳，為司法機關進行調查，以及與國際刑警組織和其他海外保安機關聯繫。這是將澳門的偵查與預審部門集中，相當於成立由法院管理的部隊，令澳門開始過渡至雙部隊警政制度，即治安警察（PSP）和司法警察（P.J）兩個互不隸屬的獨立執法機構。

（續上表）

1966 年	內地爆發文化大革命，風潮波及澳門。當年 11 月，氹仔居民組織因為建校問題與警察發生衝突，當年 12 月 3 日，總督府門前發生警民衝突，警方先以警棍試圖驅散示威者，及後防暴水車亦開赴現場。下午群眾行動升級，衝突全面加劇，警察廳之防暴警察施放催淚彈，同時開槍射擊。總督隨後在傍晚六時頒令戒嚴並實行宵禁，事件一直擾攘至翌年 1 月。據官方統計，事件中共有 8 人被打死，212 人受傷，史稱「一二・三事件」。
1968 年	澳門治安警察廳為直屬澳門總督的軍事化機關，設有指揮部、辦公室、行政委員會、行政事務處、警區與分站、交通部、福利會及樂隊，其時總部設於二龍喉，編制共有 796 人。
1971 年	司警署升格為司警廳。
1975 年	葡萄牙的澳門駐軍正式全數撤離。澳門保安部隊（FSM）成立，將澳門軍事部隊及軍事化部門統合重組，應澳門保安需要制定官方任務，其基本任務使命方向為指導澳門市民、執行民防工作、執行內部保安任務、保護人命與財產及參與和推進澳門發展的活動。其架構為：司令部、保安部隊、輔助機關及安全委員會；在保安部隊當中包括下列部門：治安警察（PSP）、水警稽查隊（PMF）、市政警察（PM）、消防隊（CB），以及司法警察（依法所定與澳門保安部隊合作）。 同年，根據第 705/75 號法令，司警廳成為「司法警察司」，「澳門司法警察司在行政上直屬澳門總督，而在刑事訴訟的運作上由葡萄牙檢察長指導。」
1976 年	澳門保安部隊司令部發佈第 43/76 批示，授予市政廳長指揮和管理市政警察的權力，市政警察其後歸市政廳管理，逐漸改變為不具治安職能的隊伍。
1979 年	澳門立法會頒佈了《司法警察司組織法》（第 19/79/M 號法律），「規定司法警察司為一負責刑事偵查、犯罪預防及協助司法當局的直屬澳門總督的警察部門，在進行刑事偵查時接受檢察院的指導，但有權對所有不予起訴的案件進行歸檔。
1986 年	澳葡政府通過第 34/86/M 號法令，規定司法警察司副司長一職由澳門總督在法院或檢察院的司法官任命（等同司長資格），或由一等督察，或至少從事法律工作五年的法學士中任命。
1981 年	第 37/81/M 號訓令頒佈，修改了治安警察廳的規章及編制，其編制如下：指揮部、澳門指揮部、離島指揮部、特警隊、交通部、移民局及身份證科、樂隊、復原所，以及福利會。其時編制共有 1,164 人。

（續上表）

1986 年	澳葡政府頒佈第 13/86/M 號法令，核准了治安警察廳的架構重組，架構更改如下：指揮部、參謀部與各指揮機關、各警察分區與輔助部門、輔助暨培訓中心；參謀部與各指揮機關再設有：參謀長、統籌參謀部、紀律委員會、法律顧問處、起訴組、指揮部輔助辦公室。其時編制共有 1,967 人。
1987 年	葡萄牙與中國簽訂《中葡聯合聲明》，將於 1999 年 12 月 20 日將澳門主權移交中國。根據《中葡聯合聲明》（附件一）第十三條，回歸後「澳門特別行政區的社會治安由澳門特別行政區政府負責維持」。
1988 年	葡政府通過 7 月 4 日第 57/88/M 號法令，成立澳門保安部隊高等學校（ESFSM），簡稱保安高校，是澳門保安司轄下的一個培訓部門，負責為澳門保安部隊培訓警官或消防官，同時負責保安部隊各個職程的培訓工作。
1991 年	澳葡政府依據 76/90/M 號法令，頒佈內部保安法，改組澳門保安部隊架構，而澳門保安部隊司令部及其總部在法令下被撤銷，並根據 6/91/M 號法令成立澳門保安部隊事務司（DSFSM）。該司擁有政治管理的自治性，機關架構更複雜，設有領導及領導機關管理轄下之人力資源暨財產廳（DRHP）、行政管理廳（DA）、基礎設施處（DC）、文件與資訊暨公共關係室（GDIRP）及辦事處（Sct）。各保安部隊轄下的機關部門都歸由司署管理。司署在澳門回歸之前，一直推動保安部隊的本地化工作。同年，司警司歸為「司法政務司」轄下部門，司警司長同時向司法政務司及葡萄牙檢察總長負責，完全獨立於治安警察運作。
1993 年	成立被稱為「澳門飛虎隊」的特別行動組（GOE），由特警隊中的精英成員受訓出任。
1994 年	澳葡政府頒佈澳門軍事化人員通則（第 66/94/M 法令），規範治安警的組織、指揮架構、職責、單位分工、警員的行為，甚至薪金級別及薪俸點。 同年，首批由澳門保安部隊高等學校培訓的警官畢業，由澳門大學及澳門保安部隊高等學校聯合向修讀不同課程的學員，頒授水警稽查及治安警察專業警務科學士學位，以及消防技術專業防護及安全工程學學士學位。
1995 年	澳葡政府正式予以澳門治安警察廳的組織架構規範常態化，以穩定其對使命的執行力，政府通過第 3/95/M 號法令，對治安警察廳的一般組織作出以下規範：指揮部及指揮機關、資源管理廳、情報廳、行動廳、出入境事務局、交通廳、澳門警務廳、特警隊、指揮部輔助部門、警察學校，以及樂隊。

(續上表)

1998 年	3 月，澳葡政府任命治安警察的第一批華人指揮官，即警務總監。 3 月 14 日，土生葡人白英偉獲任命為澳門治安警察廳廳長，成為首位本土出生的說廣東話的警察廳廳長。
1999 年	水警稽查隊易名為水警稽查局。 12 月，黃少澤代任司法警察局局長（回歸前稱為司長），成為司警的首位華人負責人。
2001 年	10 月 29 日，警察總局正式成立，負責指揮和監督治安警察局和司法警察局。根據第 1/2001 號法律《澳門特別行政區警察總局》的規定，警察總局有權命令屬下警務機構執行任務，也有權分配兩局的營運資源，管理罪行調查，並在需要的時候收集、分析、傳遞和發佈重大資訊，負責策劃統籌公關、對外以及聯合活動。 同年，以第 11/2001 號法律設立澳門特別行政區海關，水警稽查局予以撤銷。
2002 年	修改《澳門保安部隊保安學員培訓課程的錄取制度》（第 6/2002 號法律），將進入保安部隊軍事化人員基礎職程（即保安學員）的入職條件，提升為初中畢業，入職薪酬從 180 點提升至 195 點。
2005 年	通過第 13/2005 號行政命令，允許警員收取相當於薪俸點 50 點的「增補性報酬」，以補償其需要超時正作、輪值和持械。
2008 年	頒佈《重組保安部隊及保安部門職程》（第 2/2008 號法律），將保安部隊的這些軍事化人員的入職條件，提升為高中畢業，入職薪酬提升至 260 點。
2012 年	通過第 33/2012 號行政命令，警員的「增補性報酬」增加至 100 點。
2017 年	特區政府根據第 1/2017 號法律撤銷保安協調辦公室，將民防職責納入警察總局的職務範圍。

第四章·
特區警政:「不變」的
香港警察?

回歸前的香港殖民地警隊,被視為「殖民地政府的代理」(Agent of the Colonial Government),效忠對象是英女皇而非香港市民,所以回歸前香港警隊不需要亦沒有依靠市民的支持而得到認受權力,而且可以「政治中立」,不會偏袒「英女皇及英國政權之外其他的勢力」。可是,香港回歸後實行「一國兩制」,即使「五十年不變」,警察制度原來的這種殖民地特色卻需要面對新的挑戰。警方現在使用的是「社區警政手法」(Community Policing Practises)拉近與市民的關係,加強溝通,但是其體制在本質上並沒因改革而動搖,主要目標並非服務香港市民,這是七十年代前一直以來的模式。隨着回歸中國,理論或實際而言香港不再、也不應是一個殖民管轄地區,警隊該如何定位?從八十年代開始的「過渡期」,在準備回歸中國的十多年,以至主權移交後的初

期，香港的警政環境發生了翻天覆地的變化。八十年代初大陸的改革開放，令跨境罪案飆升；香港新市鎮的發展，帶出了警力不足，以及缺乏專業處理新類型罪案的困境。回歸初期亞洲金融風暴帶出的公務員制度改革，繼後香港市民對中央及特區政府施政的信任，引發的一連串示威抗議，都是香港警察面對的難題。

跨境罪案

社會結構轉變，知識的普及與媒體的進步，構成了新型警政難題。香港自內地改革開放後，開始面對跨境罪案的挑戰。早年的跨境罪案以街頭持械行劫為主，除了零星的本地獨行匪徒外，不少案件牽涉境外匪幫，與本地不法分子勾結，進行周詳部署，糾黨行劫珠寶金行，因此，八十年代的報章上經常出現「大圈幫」及「烏鼠」等對匪幫集團在案件中的描述。縱然有這個共同的認知，但是翻開警方公佈的數據，卻沒有把這些「跨境罪案」獨立分類，只有「暴力罪案」，故其實沒有客觀數字展示當年這些非本地罪犯的猖獗程度。九十年代，被稱為「省港旗兵」的跨境犯罪集團，成員都遊走本地與廣東省地區，「內地策劃、支援，香港做案」，不少案件其後甚至被搬上大螢幕。跨境罪案的模式沒有改變，但其實他們作案的方式、目標、手法，卻是從八十年代起不斷的改變，從起初的持械行劫，販運人蛇、毒品，轉變到擄人勒贖，偷車走私，到近年的街頭與電話及網絡騙案，這個其實跟本港與內地經濟發展的趨勢緊密相連。[1] 資訊科技的發展，令保安監控系統變得普及，改變

1　　八九十年代香港的罪案數字是逐年增加，1986 年共 81,411 宗，而 1995 年共 91,886 宗。其中九十年代最猖獗的偷車及走私案，在 1992 年間共 6,918 宗之多；而行劫案就由 1991 年的 9,138 宗，一路減少至 2016 年的 260 宗。成報：〈總結香港刑事案 30 年變化　鍾兆揚退休說變遷　罪案挑戰走網絡〉，《成報》網頁版，2017 年 12 月 27 日，檢自 http://www.singpao.com.hk/index.php?fi=news1&lang=1&id=56498。

了犯罪的模式，跨境罪案亦不例外。

詐騙案在二十世紀八十年代每年約有 1,500 宗左右，但 2016 年卻飆升至近 7,300 宗，當中包括了街頭騙案、電話行騙、投資騙案、商業騙案，以及近年越趨猖獗的網絡騙案等。在云云跨境詐騙案類型中，最早出現且非常猖獗的為街頭騙案。警方記錄顯示，1997 年街頭騙案的數字為 85 宗，1999 年已經暴升到 455 宗，兩年內暴增近五倍；2000 年再上升百分之三十五，增加至 614 宗。[2] 2000 年這一年全年的騙案總數（以欺詐案件作總歸類）為 3,986 宗，換言之街頭行騙就佔了整體欺詐案的百分之十五。從 1999 年到 2005 年，街頭騙案的涉案金額近兩億港元，匪徒多來自廣東省，以來港旅遊為名犯案，而受害市民多為長者。[3]

處理街頭騙案變成了最逼切的警務項目，不只調查工作，犯罪防治的宣傳亦變得十分吃重。在 2000 年至 2002 年，街頭騙案甚至錄得近 2,000 宗之高。沒有犯罪記錄的騙徒，在內地「受訓」後，以旅客名義隨旅行團來港，由於他們不是慣犯，警方難以察覺，他們短暫留港犯案後，馬上逃回內地，本港警方亦沒有足夠時間調查案件。在沒有深入調查及詳細資料的情況下，即使得到內地公安合作，也難以緝捕疑犯回港受審。

1998 年，香港發生了轟動的「祈福黨」騙案：「風水師德福五屍案」。騙徒以風水大師之名在港以算命騙財，遇害的三名婦人及兩名少女，因篤信風水命理，墮入騙局，五人被騙飲用混合了山埃的「符水」，最後在德福花園住所內毒發身亡。疑犯事後將事件佈局成「邪教」

2　　香港警務處：〈整體罪案率維持低水平〉，《警聲》，第 696 期（2001），檢自 https://www.police.gov.hk/offbeat/696/011_c.htm。

3　　蘋果日報：〈街頭騙案不絕　長者受害〉，《蘋果日報》網頁版，2017 年 5 月 29 日，檢自 https://hk.news.appledaily.com/local/daily/article/20170529/20036759。

集體自殺事件，並攜同受害人的 130 多萬港元潛逃大陸。最終香港警方與內地公安合作調查事件，該年 9 月公安成功抓捕疑犯，由內地司法機關審理，並判處疑犯死刑。到了千禧年代初期，常見的跌錢黨、寶藥黨、電子零件黨、祈福黨等，主要針對受害人的同情心及貪念入手，受騙的人都因為對騙徒所提出的各種「靈藥、神功、高科技產品」產生興趣而墮入騙局，騙徒利用人對「死亡及疾病」的懼怕去「銷售」所謂的「靈丹妙藥」。在 2003 年「沙士」[4]期間，有騙徒利用當時人心惶惶，聲稱以風水相學去幫市民「祈福消災」，騙取市民財物。

　　2003 年，警隊加強對此類騙案的打擊，特別在匪徒行騙的黑點巡邏及增加面向長者的防騙宣傳，欲以此加強市民的防範意識。[5]隨着警隊加強打擊，傳媒大力宣傳，如電視劇加入主角被騙的劇情，新聞及專題節目如警訊、香港電台節目也會針對這些騙案進行分析及提醒市民防範，加上社會教育水平逐漸提升，近年市民對這類街頭騙案已經有所防範。至 2017 年，詐騙類罪案[6]的數字已上升至 7,091 宗，或因防範意識提高，街頭騙案在近十年經已不太常見，但整體騙案數字，卻每年持續上升，自 2009 年起每年數字經已超過 5,000 宗，2013 年突破 7,000 宗，2014 年更有 8,861 宗。[7]

　　另一種常見騙案為電話騙案。參考保安局提交立法會秘書處的資料，2007 年到 2015 年，電話騙案的數字由 1,623 宗上升至 2,880

4　　於 2003 年，香港因非典型肺炎（英文縮寫 SARS，中文簡稱「沙士」）的大規模爆發而成為疫埠，旅遊業大受打擊，中共中央政府決定以「自由行」去支援或解救香港的旅遊業困局。

5　　香港警務處：〈處長回顧治安情況 —— 二零零三年保持平穩〉，《警聲》，第 768 期（2004），檢自 https://www.police.gov.hk/offbeat/768/chi/。

6　　警隊於 2007 年將欺詐的分類名稱更改為「詐騙」。

7　　香港警務處：〈罪案統計：罪案數字比較〉，香港警察官方網頁，檢自 https://www.police.gov.hk/ppp_tc/09_slatistics/index.html，瀏覽日期：2018。

宗。[8] 電話騙案絕大部分都是從香港境外打電話進來[9]，要順利偵破這類案件，需要不同司法管轄區的警務機關合作。互相交換情報及進行調查的合作，通常都十分費時，要堵截電話騙案的源頭，亦幾近不可能。[10] 香港警隊推出了不少意識宣傳、罪案防範及社區支援的措施，打擊電話騙案。2017 年警隊在商業罪案調查科轄下設立了「反詐騙協調中心」(ADCC)，專責應付有關詐騙的案件。[11] 警方與媒體合作推出防騙短片[12]，在港台節目《警訊》加插模擬犯罪情節，推出短片在社交平台傳播等，希望通過較具娛樂性的手法，作出犯罪防治的宣傳。

自互聯網連線速度加快及智能手機普及，網絡騙案的數字一直增

8　　立法會秘書處資料研究組：〈罪案與電話騙案〉文件編號 ISSH13/17-18，香港特別行政區立法會網頁，檢自 https://www.legco.gov.hk/research-publications/chinese/1718issh13-crime-and-telephone-deception-20180227-c.pdf。

9　　2015 年，通訊事務管理局辦公室指示香港的電話營辦商，需要在來電顯示中加入「+」號去作為所有由香港境外打入的來電的字頭，有關措施會令來電顯示中的偽冒本地電話號碼前依然有一個「+」號，希望藉此令市民有途徑識別外來電話。通訊事務管理局辦公室：〈在「來電號碼顯示」中加入「+」號以助識別源自香港境外的可疑電話騙案〉，香港特別行政區政府通訊事務管理局辦公室官方網頁，2016，檢自 https://www.ofca.gov.hk/tc/consumer_focus/education_corner/alerts/general_mobile/telephone_scams/index.html。政府新聞公報：〈保安局局長談罪案情況〉，香港政府一站通網頁，2015 年 11 月 27 日，檢自 https://www.info.gov.hk/gia/general/201511/27/P201511270901.htm。

10　　近年警隊聯同境外機關多次成功搗破跨國的電話騙案集團，如於 2014 年「兩岸四地聯合破電話騙案集團　6 人在港認罪押後判刑」；亦有由外地出發在香港進行詐騙的集團，如 2017 年「中港聯手瓦解跨境電騙集團　共拘 11 人涉款 194 萬」。星島日報：〈中港聯手瓦解跨境電騙集團　共拘 11 人涉款 194 萬〉，星島日報網頁版，2017 年 5 月 19 日，檢自 https://www.singtaousa.com/sf/19-%E5%8D%B3%E6%99%82%E6%B8%AF%E8%81%9E/121386-%E4%B8%AD%E6%B8%AF%E8%81%AF%E6%89%8B%E7%93%A6%E8%A7%A3%E8%B7%A8%E5%A2%83%E9%9B%BB%E9%A8%99%E9%9B%86%E5%9C%98%E3%80%80%E5%85%B1%E6%8B%98%E6%8D%9511%E4%BA%BA/?fromG=1。

11　　香港警務處轄下「反詐騙協調中心（Anti-Deception Coordination Centre）」，檢自網頁：https://www.police.gov.hk/ppp_tc/04_crime_matters/adcc/about.html。

12　　香港警務處轄下的「反詐騙協調中心（Anti-Deception Coordination Centre）」推出「防騙資訊 —— 童叟無欺」，檢自網頁：https://www.police.gov.hk/ppp_tc/04_crime_matters/ccb/fst.php。

加。常見的網絡騙案多涉及「網上交友」及「網絡交易」。其實初期的網騙罪犯大多來自歐美和非洲的犯罪集團，通過電郵接觸受害人，訛稱有甚麼投資的機會，需要合作及幫忙，當中最為著名的，當然是「尼日利亞騙案」。[13] 受到區域法律及執法權力的限制，正如電騙一樣，本港警方難以追查及成功緝捕身處海外的犯罪頭目。千禧年以後，社交網絡媒體的發展，網騙的形式亦有改變，由於接近全民連線狀態，虛擬世界上出現了不少偽冒網站、虛假電郵，以及專門行騙的平台，受害人的階層亦擴展至普羅大眾。[14] 2011 後，網上騙案的增幅開始引起警方的關注。[15] 在 2011 年警方錄得網上商業騙案上升 265 宗，該年共有 888 宗網上商

---

13   所謂「尼日尼亞 419 騙案」，是指在 1999 年開始，香港警隊接獲有關於尼日尼亞電郵及信件的騙案，時至 2005 年警隊更接獲了近 3,000 宗舉報，尼日利亞政府甚至成立專案部門去調查事件，「419 騙案」的得名，正正是當地警方對此類案件在法律上起訴的編號而得。騙徒手法是當年的典型例子，把一些有關於「投資、買賣、銀行證明、甚至是遺產承繼」的資訊，放入電郵當中傳送給受害者，受害者一旦誤信當中的資訊就馬上墮入騙局，例如匯款、寄出貨品、給予自己的銀行資料等等。基本上，騙徒利用的都與電騙相同，就是受害者的貪念，以及資訊不流通，而導致在有限的了解下誤信騙徒提供的一些獲利機會。這除了是一個典型網騙，更是一個典型的跨境罪案，香港警隊除了透過尼日尼亞領事館方面與尼日尼亞當地警方互通資訊外，別無他法。蘋果日報：〈尼日尼亞破欺詐電郵拉人起贓 香港首宗被騙三億母女贖回 3500 萬〉，《蘋果日報》網頁版，2005 年 10 月 4 日，檢自 https://hk.news.appledaily.com/local/daily/article/20051004/5280015。

14   統計處首次公佈智能電話的數據是 2012 年，當時有近 3,395,900 個 10 歲及以上的香港居民擁有智能電話，接近每兩個香港市民就有一個會使用智能電話。千禧年後，香港使用個人電腦的 10 歲及以上人士的數目經已佔當年人口的百分之四十三，約有 2,640,000 萬人，而擁有個人電腦的住戶比例在 2000 年有百分之四十九點七，但擁有個人電腦接駁互聯網的住戶只佔全部住戶的百分之三十六點四；但時至 2005 年，擁有個人電腦並會接駁互聯網的住戶百分比經已上升至百分之六十四點六，當中詳情經已編成表格：千禧年起香港居民的網絡使用普及情況。香港政府統計處：〈香港統計月刊專題文章 —— 2000 年至 2016 年香港居民使用資訊科技及互聯網的情況〉，香港政府統計處官方網頁，2017，檢自 https://www.statistics.gov.hk/pub/B71711FB2017XXXXB0100.pdf。

15   翻閱 2000 年至 2010 的《警聲》都沒有一次回顧有提及「網絡詐騙」或與之相關的罪行。直至 2012 年所刊登對 2011 年的回顧中，開始看到在詐騙案一欄下「網上商業騙案」一項，其原文：二零一一年共錄得六千一百三十四宗詐騙案，較二零一零年增加四百八十二宗，升幅為百分之八點五。升幅主要是網上商業騙案上升二百六十五宗至八百八十八宗。香港警務處：〈二零一一年整體治安情況保平穩〉，《警聲》，第 960 期（2012），檢自 https://www.police.gov.hk/offbeat/960/chi/。

業騙案，佔當年整體詐騙案升幅的一半有多（當年詐騙案上升了 482
宗）。除了網上商業騙案，以及利用通訊應用程式去行騙以外，社交應
用程式的發達也衍生了「網上情緣騙案」，在 2018 年的上半年接獲 272
宗舉報，損失金額達一億三千多萬港元。[16]

處理家暴

　　八十年代中英雙方確認香港將回歸中國後，新市鎮發展計劃也逐
一上馬。人口增長導致住屋需求上升，八九十年代最為人所知的計劃要
數天水圍的發展。天耀邨在 1992 年作為第一個天水圍公屋正式落成；
1997 年後，為配合時任特首董建華的住屋施政方針「八萬五計劃」，天
水圍北部也開始發展，直至 2010 年多個工程項目逐一落成。作為大型
新市鎮項目，天水圍以公屋為主，頗多住戶為新移民家庭的基層社群。
2004 年發生了轟動一時的「天恒邨滅門案」[17]，案件揭露了一直被忽視的
社區問題，以往家庭暴力事故一般都不受社會甚至警隊長官的重視。警
察作為執法者，作為社區治安的勤務人員，面對這類求助個案時，往往
無計可施，警察不能以慣常強硬手段處理家庭糾紛，避免加深受求助者
的傷害，但如果牽涉有暴力，亦不可能不按既定法律程序處理。

　　天水圍曾幾何時被市民稱為「悲情城市」，這不僅是地理環境的緣
故，也與人口結構及居民的收入狀況有關。根據香港政府統計處 2016
年的統計數字，天水圍所在的行政區域 —— 元朗區，貧窮率是全港六
名以內，有 23% 的人口被歸類為「貧窮人士」，而且該區的就職人口比

16　黎芷欣：〈網上情緣騙案較去年同期增兩倍半　上半年接 272 宗〉，香港電台新
　　聞網，2018 年 8 月 13 日，檢自：http://news.rthk.hk/rthk/ch/component/
　　k2/1412009-20180813.htm。

17　蘋果日報：〈天水圍滅門慘案發生十年，家暴仍不絕，血的教訓，未反思〉，《蘋
　　果日報》網頁版，2014 年 4 月 5 日，檢自 https://hk.news.appledaily.com/
　　local/daily/article/20140405/18679972。

例也是全港第二低。[18] 在 2004 年，天水圍的失業綜援個案共 2,491 宗，而整個天水圍的綜援個案共有 14,717 宗，是元朗區數字的 49%。[19] 作為新市鎮，天水圍貧窮人口與失業人士比例偏高，區內就業機會不多，區外就業的交通成本不低，遇上 1998 年的金融風暴、2003 年的沙士，區內基層家庭面對沉重的經濟壓力及新市鎮落成後社區配套不足等問題。

　　2004 年起，因家庭糾紛及暴力事件的求助不斷上升。處方透過媒體發放了更多關於家暴的資訊，包括隱藏風險、政府的支援計劃等。社會亦因而對家暴可能引致的後果、慘案或罪案，有更深切的防範意識。警隊亦加強了對家庭暴力受害者的支援。警隊在 1997 年便成立了「家庭衝突及性暴力政策組」(FCSVPU)，專責處理應對有關虐待兒童、虐待長者、家庭糾紛、家庭暴力、親屬暴力、性暴力與青少年罪行的案件。2006 年起採用「轉介緊急服務評估表」和「行動清單」作為危機評估參考指引，以協助前線人員識別案件，另外亦強化「家庭暴力資料庫」的警戒系統，以向分區及警區管理層呈報高危個案。[20] 為配合《2008年家庭暴力（修訂）條例》擴大受保護人士的涵蓋範圍，警隊在 2008年推出「受害人管理」措施，為受害人在案件調查及在司法程序期間提供支援。[21]FCSVPU 為前線警員提供與處理家庭暴力及兒童保護的相關課程，亦提升了處理家庭糾紛的警務規格，相關案件需要由警長或以上職

18　　　香港政府統計處：《2016 年香港貧窮情況報告》，香港政府統計處官方網頁，2017，檢自 https://www.statistics.gov.hk/pub/B9XX0005C2016AN16C0100.pdf。

19　　　香港扶貧委員會：〈區訪——天水圍〉文件第 8/2005 號，香港扶貧委員會官方網頁，2005，檢自 https://www.povertyrelief.gov.hk/archive/2007/cn/pdf/Paper8_2005.pdf。

20　　　香港警務處：《香港警察年報 2006》。香港：香港特別行政區香港警務處，檢自 https://www.police.gov.hk/info/review/2006/chineseBig5/vmv/01.htm。

21　　　香港警務處：《香港警察年報 2008》。香港：香港特別行政區香港警務處，檢自 https://www.police.gov.hk/info/review/2006/chineseBig5/vmv/01.htm。

級人員到場，確保現場情況得到高階警務人員的指揮，並將案件轉交至社福署或其他有關團體跟進。

這些嶄新的罪案，其實給警隊帶來很大的挑戰。老一輩的資深長官，以至是前線初級警務人員，都要面對「範式轉移」：面對這些非一般的罪案，很難討好各方，也牽涉很多專門的、警務以外的技巧，心態上亦需要改變。家庭糾紛問題複雜，前線警員要花費很多心力去應付個案，到了今天，社會不時仍然對警方處理家庭糾紛及暴力事件的手法有不少質疑。[22]

社會運動及示威遊行

香港《基本法》說明在 1997 年香港回歸後，香港特別行政區將會享有高度自治，實行「一國兩制」政策，原有的經濟及政治制度保持五十年不變。不過，回歸前香港不少普羅大眾對北京的承諾抱以觀望態度，特別在 1989 年「六四事件」發生後，不少人憂慮日後香港將會收緊言論與集會自由。1997 年回歸以後，香港特區政府在集會與遊行方面的安排，將考驗內地對香港保證的「五十年不變」政治承諾。

1997 年 6 月 30 日晚上，一群示威者在香港政權交接儀式的會場外示威。當時警方在示威區附近設置大型揚聲器，播放貝多芬《第五號交響曲》，以掩蓋示威者的叫喊聲。另一方面，前任香港立法會議員司徒華曾經表示，時任特首董建華曾經屢次勸告，希望他在政權交接後，停止舉辦「六四事件紀念集會」，以免令北京政府尷尬。這些舉動均引起輿論批評，認為是特區政府限制民間抗議聲音的手段，亦對香港素來享有的言論與集會自由蒙上陰影。然而在政權交接初期，香港聚眾活動

22　蘋果日報：〈警方被斥家暴案瞞數〉，《蘋果日報》網頁版，2014 年 4 月 7 日，檢自 https://hk.news.appledaily.com/local/daily/article/20140407/18681667。

在舉行時的情況，與港英政府管治時期分別不大 ——「六四事件紀念集會」仍能如常舉行，遊行活動亦未受到干擾或攔阻。

2003 年「七一大遊行」

2003 年初，非典型肺炎在香港肆虐，香港經濟頓時變得非常蕭條，特區政府未能有效防止疫症蔓延，遭受市民嚴厲批評。同時，特區政府亦正推動《基本法》第 23 條（有關保障國家安全及反對顛覆國家政權條例）立法，唯普遍港人恐怕此法一立，將會剝削市民的言論與集會自由。在各種因素影響下，2003 年香港社會民怨沸騰，對特區政府的不滿達至歷年高位。因此，50 萬名香港市民（佔香港總人口約十二分之一）在當年的 7 月 1 日，參與由民間人權陣線舉行的大遊行，釋出所有對特區政府歷年施政失誤的怨氣。

2003 年的「七一大遊行」是自香港回歸以來（至 2019 年 6 月前為止），參與人數最多的一次聚眾活動。即使當天的遊行秩序大致和平，然而由於遊行參加者眾，數十萬人於差不多同一時間湧到出發場地（遊行主辦單位呼籲參加者在當日下午三時，於銅鑼灣維多利亞公園集合），以致警方在控制人流時顯得束手無策，出現秩序混亂的場面，令市民對警方的遊行秩序管理措施有所不滿。無論如何，自 2003 年開始，「七一大遊行」已經成為香港每年最主要的政治性聚眾活動。其參與人數的多寡，更直接反映了香港市民對特區政府的滿意程度。

2005 年首次國際示威

香港的示威遊行，向來都與本地及內地的議題相關，參加者都是香港居民。然而 2005 年於香港舉行的世界貿易組織第六次部長級會議，卻吸引了世界各國反對全球化、支持公平貿易的示威者來到香港，當中包括了不少富有示威經驗的韓國農民。由於過往在外地舉行的世貿會議，經常有示威衝突及暴力發生；加上會議的舉行場地位於香港的鬧

市，因此特區政府及香港警察均嚴陣以待，事前加緊籌備一連串保安措施，包括：(1) 把會議場地對外方圓半公里臨時劃定為禁區，並且限制市民出入該區；(2) 設立在禁區外的示威區域，均由數米高的鐵閘及巨型石躉重重包圍，務求阻止示威者衝入會場；(3) 臨時移走灣仔區內所有非固定公物，例如垃圾收集箱、巴士站柱等，以免被示威者用作攻擊武器；(4) 前線警察獲分配一系列裝備，準備在衝突期間使用。

世貿會議由 2005 年 12 月 13 日開始，連續數天的示威活動也掀起序幕。由韓國農民主導的示威隊伍，採用不同的抗議方式表達訴求，例如示威者以三步一叩的方式緩慢前進、唱歌跳舞、跳海抗議，甚至集體衝擊警方防線。面對着各種抗爭方式（當中有些在香港聚眾活動中前所未見），香港警察按着行為的激烈程度，作出相應的對策：對於態度溫和的行動，警察調派便衣隊員或女警到防線戒備，執法者的姿態顯得比較友善；但當示威者以激烈手段衝擊會議禁區時，持備武器的警察防暴隊伍便會立即出動，迅速制止暴力行為。在世貿會議的最後一夜（12 月 17 日晚上），逾千名反世貿示威者發動多輪攻勢，衝擊警方在灣仔區設置的防線。香港政府立即統籌傳媒機構，在新聞中以「騷亂」來形容是次衝突，呼籲公眾切勿在灣仔及銅鑼灣一帶逗留；警方亦疏散在附近圍觀的市民，同時轉以比較強硬的方式來控制場面，包括向示威者噴射胡椒噴霧、水炮（由消防處協助）、催淚彈，以及發射布袋彈等。及後警察拘捕了超過一千位示威者，但最終未有把他們定罪。

香港警察在世貿會議保安工作中，得到不少嘉許及稱讚：迅速、專業以及有效平息示威暴力；與示威者的溝通頻繁，願意彼此協調；示威對社區的影響較小（相對於 1999 年西雅圖反世貿示威），亦能讓世貿會議安全、順暢進行。然而在示威區的設立位置（與會議場地相隔比較遙遠）以及警方在騷動過後進行的大規模拘捕行動，則引起一些爭議及批評。無論如何，香港警察在處理 2005 年反世貿示威中的表現，贏得大眾的好感，亦令香港市民對警隊的滿意程度，升至歷年高位。

2006 年後「本土」社運的興起與集會活動

經歷過反世貿示威後，香港市民見識到全新的示威策略，例如三步一叩、佔據馬路以及示威者手拖着手組成人鏈，阻止警方的拘捕行動等。示威團體嘗試吸納和改良這些方法，在往後的示威活動中採用。與此同時，香港的公民社會自 2003 年「七一大遊行」後不斷發展，推動越來越多的年輕人參與，在各項社會議題中積極向建制表達不滿訴求，甚至發起大型社會運動，向政府抗爭。這些因素，均對香港警察的聚眾活動管理帶來新挑戰。

在 2006 至 2007 年期間，民間發起抗爭運動，要求政府保育歷史悠久、面臨清拆命運的中環天星碼頭及皇后碼頭，當中運用了佔據公共空間的策略，以作為與政府商討及談判的籌碼。2006 年 12 月，數十名示威者闖入天星碼頭清拆地盤，試圖阻止拆卸工程；2007 年 8 月，皇后碼頭的清場期限屆滿後，近百名示威者不肯離開，並且手拖手組成牢固的人鏈，佔據碼頭抗議。在兩次示威過程中，警方嘗試以優勢警力包圍示威者，阻止他們把佔據空間擴展；動用精良裝備，例如雲梯、鐵剪、充氣軟墊等，幫助前線警員移走不願離開的示威者，保障在場人員的安全；調派多支專業隊伍，包括警方談判組、消防處蛙人及水警等，以協助清場過程。縱使示威者未有激烈對抗警方的清場行動，然而政府在事後拘捕、並以判罰相對較嚴厲的「侵害人身罪條例」起訴一些在清場行動中與警察肢體碰撞的示威者，最終法庭判處其中兩位示威入獄兩個月及四個月。這些做法均引起爭議，社運人士亦因為警方嚴厲追究事件而表示不滿。

2007 年 8 月，數百名要求加薪及改善待遇的建築地盤紮鐵工人，在中區示威遊行時突然發難，佔據中環皇后大道中路面，該處為香港金融心臟地帶，工人不肯離開，要求政府部門正視及協助他們向資方爭取權益。警方為免刺激示威工人的情緒，於是採用較為柔性的策略，嘗試與示威者保持溝通，勸喻他們返回行人路面。事件擾攘個多小時後，紮鐵工人終於和平散去。然而工人的抗爭行為，令香港島北岸的交通陷於

癱瘓，亦對中環商業區的運作構成影響。政府機關因此意識到，倘若示威者在未有預告下佔據鬧市街道，尤其是中環商業區一帶的話，將會嚴重影響香港社會的日常運作。

近年香港政府決意興建高速鐵路，與內地的鐵路網絡相連。可是高鐵的造價高昂，且政府未有妥善照顧及賠償予受高鐵工程影響而需要搬遷的居民，結果引起公眾不滿。基於政府的建造工程撥款議案，安排在2010年1月於香港立法會表決，因此逾萬名反對興建高鐵的示威者，特別是由網絡動員而來的「八十後」（即指於八十年代出生）示威者，到中環立法會大樓外聚集及示威，要求立法會議員拒絕撥款予高鐵工程。這些年輕示威者的抗爭方式較為激烈，他們的矛頭亦直指維護建制的人員，包括維持示威活動秩序的警察。

2010年1月15日，示威組織者在未有預先向警方申請下，突然率領逾千名反高鐵示威者到香港禮賓府（時任行政長官曾蔭權的官邸）門外請願，並佔據附近路面，在場警員均未能及時組織佈防；當高鐵撥款議案於1月16日晚上在立法會會議內通過後，數千名反高鐵示威者更立即包圍立法會大樓，阻止政府官員及支持通過撥款的建制派立法會議員離開。示威者推倒及爭奪警察用作佈防的鐵欄，並且集體衝擊警方防線，場面混亂。警方因此軟硬兼施，調派逾千名警員包圍及分隔示威者，並向示威者施放胡椒噴霧，以控制局面。在氣氛緩和時則改派便衣警員到防線駐守，亦邀請了數位與示威者政治立場相近的泛民主派立法會議員到場，協助警方游說示威者散去。最後警方在凌晨採取行動，強行驅趕在立法會大樓出口一帶堵塞的示威者，讓政府官員及建制派立法會議員匆匆離開，警民對峙場面才告一段落。然而示威者不滿警方向他們噴射胡椒噴霧，認為執法者在處理遊行衝突時使用過分武力，令手無寸鐵的示威者身體受到傷害。

香港警察在處理2005年的反世貿示威時得到各界讚賞；可是自2006年起的一連串社會運動及遊行示威，警察的處理手法與執法行動卻屢受批評。即使警方再三強調恪守政治中立，對任何訴求的人士均不偏不倚；然而示威者卻質疑警方以不同策略，阻撓他們向當權者表達反

對聲音，同時以強硬手段處理事件。香港警察的聲譽，亦因此從高位逐步回落。

香港大學「八一八事件」

特區政府在一連串的施政失誤以及缺乏民主選舉制度認受性的情況下，逐漸失去管治威信；隨着香港政權交接已經十年，香港與內地的關係「蜜月期」亦告終結，特別在訂定未來的普選制度議題上，港人經常與中央政府角力。面對着熾熱的政治爭拗，警隊需要在管理聚眾活動期間撇除一切政治考慮，確保公正持平地對待不同訴求的示威者。可是，因為政府政策失誤而令市民群情洶湧之時，警隊在聚眾活動中總是首當其衝承受市民怨氣，變相肩負了決策高官的政治責任。警察與示威者的關係，因着政治矛盾而變得複雜；雙方亦缺乏溝通及諒解，令彼此間的成見越來越深。

國家中央領導人訪港，警方均部署了非常嚴密的保安措施，令群眾無法在較近距離向領導人表達訴求。2011 年 8 月，時任國務院副總理李克強訪問香港，並到觀塘區巡視。一位穿着「平反六四」黑衣的居民經過附近時，忽然遭四名身穿西裝的不明人士（及後證實是警察要員保護組人員）強行押走；當李克強副總理來到香港大學參與百周年校慶典禮時，一班穿着示威標語外衣、欲走近示威區的學生，更遭到警方在中途攔截，並且扣留了近一小時後才獲准離開。

2012 年 6 月，時任國家主席胡錦濤訪港，警方遠在胡錦濤下榻酒店數百米外已架設俗稱「水馬」的約兩米高巨型路障，以阻止未經許可人士靠近酒店。至於設在酒店正門入口附近的示威區，由於空間非常狹窄，被巨型路障四面包圍，示威者因而感到非常不滿，認為此舉乃故意在領導人面前粉飾太平。及後示威者更與在場警員推撞，警方則施放胡椒噴霧控制場面。

雖然在兩次領導人訪港事件中，警察的保安工作均得到領導人讚賞，但不少市民，特別是示威者認為警方的部署只為領導人着想，卻未

有為遊行及示威活動參與者提供太多協助，更屢次妨礙他們表達訴求。示威者批評警方只確保領導人的行程不受示威活動影響，在過程中多次無故扣押示威人士，阻止他們向領導人抗議，有濫用警權之嫌。警方卻指出，在李克強訪港期間遭扣押的示威者，因闖進了「核心保安區」，所以在場警員按照《警察通例》扣押他們。然而香港法律界人士以至時任監警會秘書長朱敏健均表示從未聽聞「核心保安區」概念，並質疑警方的行動可能已經違反《基本法》。

不單領導人訪港期間的示威管理引發爭議，警方在其他的遊行及示威活動中，也多次與市民產生摩擦，並釀成衝突。有些市民認為，警察在聚眾活動中的規管繁多，而彼此間的信任程度亦越來越低，甚至難以彼此合作、妥協。香港大學民意研究中心的調查結果顯示，市民對香港警察滿意程度，由 2006 年上半年（即在 2005 年 12 月反世貿示威之後）的 81 %，逐步下降至 2013 年上半年只有 59 %。

財政赤字帶來的公務員改革

回歸初期，香港的警政制度其實改變不多：在「平穩過渡，五十年不變」的基礎下，相對七八十年代的社會及警隊改革措施，1997 年其實並非一般人所想的香港警察制度改變的里程碑。[23] 另一點特別值得注

---

23   從七十年代開始，政府推出了一系列關於社會重建的措施，警隊亦經歷了二次大戰後最大的架構重組，內部文化亦隨之而急劇改變。例如警隊自「六七暴動」後，創立「警察少年訓練學校」供適齡的中學生入讀，兩年課程畢業後可以優先投考各紀律部隊；設立「警察公共關係科」，與香港電台及政府新聞處緊密合作，宣傳警察訊息，拍攝了《警訊》、《繩之於法》等電視節目；警隊亦經歷了編制及階級的重組，軍裝部及偵緝部統一領導，設立新的「警署警長」階級，取消「高級警長」，改變投訴警察課的編制。當然最重要的，是廉政公署及《防止賄賂條例》的通過及實行。九十年代，亦見因新法例的通過及法庭的判案及建議，出現了不少有關警務工作執行程序的規範化及改變。例如 1991 年通過的《人權法》，使警方要委派專人去檢視當時的《警隊條例》，修訂抵觸人權法的部分。1992 年發生的蘭桂坊人疊人慘劇，因死因庭的建議，使警隊在人群管理中採取了更加系統性的安排等等。

意亦每為外間所忽略的，是在 1999 年前財政司司長梁錦松主政時期，推行的一系列公務員體制改革措施。在亞洲金融風暴的牽連下，港幣受到外圍炒家狙擊，政府亦陷入結構性財赤，經濟衰退。在財政連年赤字的背景下，港府致力減少經常性開支，於公共部門內，從預算管理、資助模式，以至公務員的入職及待遇機制，推出了可說是三十年內最大的改革。作為香港政府最大的部門，警務處當然首當其衝。

1999 年的公務員改革，政府凍結招聘公務員，暫時只以合約僱員頂替。現職的公務員亦被減薪。由於部門的性質特殊，不能停止補充新血，警隊獲得「豁免」可以繼續招聘新的人員進入常規公務員編制，但新入職的人員起薪點被調低，亦不再享有退休長俸的福利，房屋等津貼亦被減少。由於香港不再是殖民地，新入職的警務人員亦當然不能如回歸前入職的同僚一樣，享有申領「子女海外教育津貼」的資格。另外，警隊在編制及行動上亦有改變，機動部隊推行新編制，大幅減少候命人員總數；輔警的編制減少，人員執勤的時數亦被大幅削減。這一系列改變，當時引起警務人員團體的一連串抗議。究竟這些改變對警員的士氣、部門文化、具體執法等範疇有甚麼具體及長遠的意義，其實極需要加以探討。

附表 4.1：千禧年起香港居民使用網絡之普及情況

	2000 年	2005 年	2016 年
擁有個人電腦的住戶百分比	49.7%	70.1%	80.6%
擁有個人電腦而且接駁網絡的住戶百分比	36.4%	64.6%	79.5%
	2000 年	2013 年	2016 年
十歲及以上過去一年內曾使用互聯網的人數及百分比	30.3% 1,855,200	74.2% 4,671,800	87.5% 5,577,500
十歲及以上過去一年內曾使用電腦的人數及百分比	43.1% 2,639,700	74.9% 4,714,300	81.5% 5,195,400

（續上表）

	2012 年	2014 年	2016 年
十歲及以上擁有用智能電話的人數及百分比	54.0% 3,395,900	77.2% 4,886,000	85.8% 5,468,600

附表 4.2：過去十年香港警隊處理的家庭衝突數字

年份	家庭暴力（刑事）	家庭暴力（雜項）	家庭事件	總數
2013	1,870	676	12,097	14,643
2012	2,002	872	12,181	15,055
2011	1,928	892	11,770	14,590
2010	2,157	1,181	11,254	14,592
2009	2,373	1,954	9,275	13,602
2008	2,341	4,937	N/A	7,278
2007	2,505	5,004	N/A	7,509
2006	1,811	2,893	N/A	4,704
2005	1,274	1,354	N/A	2,628
2004	903	1,386	N/A	2,289

附表 4.3：香港回歸後的大型集會遊行活動及警隊處理手法

事件	起因	參與者的舉動	警方的處理手法
政權交接（1997）	向時任中國國家主席江澤民提出抗議	示威	用揚聲器播放音樂，掩蓋示威者的聲音
七一大遊行（2003）	市民向政府歷年來的施政失誤表達不滿	五十萬人參與遊行	示威者自行管理秩序警察有限度提供協助
反世貿示威（2005）	向在港舉行的世貿會議表達不滿	遊行 集體衝擊警方防線	與示威者接觸及談判使用胡椒噴霧、催淚彈及布袋彈控制局勢大規模拘捕行動

(續上表)

事件	起因	參與者的舉動	警方的處理手法
清拆天星碼頭 (2006)	示威者要求保育前中環天星碼頭	佔據清拆地盤	以優勢警力包圍示威者移走不願離開的示威者
清拆皇后碼頭 (2007)	示威者要求保育前中環皇后碼頭	佔據清拆地盤	以優勢警力包圍示威者動用精良裝備，移走不願離開的示威者進行談判，亦拘捕個別示威者
紮鐵工潮 (2007)	紮鐵工人要求加薪	遊行突然佔據中環馬路	與示威者溝通及談判
反高鐵示威 (2010)	示威者反對在港興建高鐵	集會突然佔據中環馬路	以優勢警力包圍示威者施放胡椒噴霧，限制示威空間
李克強訪港 (2011)	向時任中國國務院副總理李克強示威	示威	以優勢警力包圍示威者限制示威空間
胡錦濤訪港 (2012)	向時任中國國家主席胡錦濤示威	示威	以優勢警力及巨型路障包圍示威者施放胡椒噴霧，限制示威空間

第五章・
回歸契機：「改變中」的
澳門警隊？

　　1999 年底澳門回歸之際，給人最普遍的印象是社會治安不靖，街頭暴力罪案猖獗，警察執法能力非常不濟，整個警隊人員數目不足，本地化進展緩慢，專業水平低落，個別警員甚至跟犯罪分子關係密切，警隊在澳葡時代不太獲得市民的信任 [1]，執法能力普遍受到質疑。特區政府成立伊始，即致力摒除澳葡時代「跛腳鴨」的形象，強化管治能力。特區成立後的其中一個施政重點就是改善治安，警務工作的重點是全力打

1　　根據 Mendes 的分析，葡國政府在過渡期把維持澳門的穩定和進步 (securing stability and progress for Macau) 視為其主要工作，不着重改革較困難及敏感的澳門政治制度 (包括澳門的公務員制度)，只集中加強澳門的經濟實力和完成規劃大型基建，如落實興建澳門國際機場。Mendes, C. A., *Portugal, China and the Macau Negotiation, 1986–1999* (Hong Kong: HongKong University Press, 2013), pp.70.

擊街頭暴力罪案。同時，在警政方面，葡人長官離開，本地華籍人員及土生葡人繼承領導位置，政府亦調配了更多資源，強化兩支警隊。2001年，警察總局正式成立，希望協調兩支警隊的運作。[2] 隨着首任特首何厚鏵決定開放博彩業，引入外資競爭，跨境經濟活動和流動人口日益增加，都給澳門的警務工作帶來了新的挑戰。一如香港，內地旅客的「自由行」政策推出後，內地遊客急劇增加，不單帶旺了經濟，亦帶來了新類型的罪案及跨境的罪案模式。香港回歸初期政府應對金融風暴的手法，加上政治性的議題，引起社會極大的爭議，政府民望下滑；和香港不同，澳門特區政府在何厚鏵決定開放博彩業後，經濟發展迅速，社會氣氛極好，政府及特首的民望高企。可是，其後經濟過熱，社會矛盾開始浮現，加上傳媒揭露了高官的貪腐醜聞，使本地和海外媒體上出現了對澳門特區政府越來越多的批評。這些背景，驅使政府推出一系列的警務改革，試圖提高警隊的執法能力及認受性。[3]

經濟發展與罪案性質的轉變

回歸前有一段時間，因為賭場的地下利益問題，澳門不時發生街頭械鬥、縱火甚至放置炸彈與槍殺，1998 年更發生了司警司長（回歸後為「局長」）白德安被炸案，白德安的座架被炸毀。一般市民及外地遊客普遍覺得澳門社會治安惡劣，警隊及政府無力控制秩序，更遑論根治

2 澳門回歸前社會治安不靖，除了警力不足，業務能力未能令人滿意，有議論歸咎於組織架構的缺陷，令負責日常巡邏維持治安的治安警及刑事調查的司警，不能衷誠合作，因此 1999 年前已經有不少改革保安部隊架構的建議，在社會討論。2001 年，「警察總局」正式成立，首任局長為原先擔任治安警察局局長的白英偉警務總監，他的新職主要負責協調兩個警務機關的協作。《澳門保安部隊歷史資料》，頁 19。澳門治安警察局網頁：http://www.fsm.gov.mo/psp/cht/psp_org_2.html。

3 澳門回歸後，市民對政府的支持度一直上升。參考港大民意調查的數據，在 2005 年爆出「歐文龍案」的貪污醜聞前，首任特首何厚鏵領導下的特區政府，民意支持度一直都高達 70%。

問題。1999 年當年街頭罪案嚴重，綁票、縱火、打鬥等全年有記錄的達到 47 宗。回歸後，街頭流血罪案大幅減少，2003 至 2009 年街頭嚴重罪案更跌至零宗，取而代之的，是經濟發展和外來人口暴增衍生的各種罪案 [4]。

　　首先，流動人口大幅增加是經濟發展帶來的警政新議題。自澳門回歸以來，受惠澳門特區政府開放博彩經營權吸引國際博彩公司進駐，以及 2003 年內地旅客到港澳的「自由行」政策，再加上澳門成功申請世界文化遺產等各項利好因素下，訪澳旅客人數大幅度上升。根據澳門統計暨普查局官方數字，訪澳的旅客人數分別於 2001、2006 和 2014 年突破 1,000 萬、2,000 萬及 3,000 萬人次，當中又以中國內地、香港和台灣為主要來源。旅客大量增加令澳門市面處處皆有大量的流動人口，也增加招徠的「獨狼式」罪犯。他們在澳門街頭做案，令店舖盜竊等個案急劇增加。此外，警方不時要處理有關遊客與服務行業人員的糾紛，例如的士拒載、兜路和濫收車資等，更有的士業害群之馬，佈局偷取遊客的行李，乘着乘客下車未及取回放在車尾箱的行李前，開車離去。根據保安司司長辦公室的數據，治安警察局與相關部門在 2017 至 2018 年兩年間展開一連串監察及打擊的士違規行動，2018 年第一季合共檢控的士違規及其他非法接載個案有 1,878 宗，與 2017 年同期的 1,291 宗相比增加了 587 宗，升幅 45.5%。當中濫收車資共 1,192 宗 (佔 63.5%)，拒載 436 宗 (佔百分之 23.2%)，又一共檢控俗稱「白牌車」的非法載客 47 宗。[5]

　　另一方面，隨着賭權開放政策的落實，澳門的博彩旅遊業吸引了外資大舉進駐，產業因應博彩專營合約對會展和休閒產業發展的要求，迅速從以往的家族式格局轉變為有跨國資金流動的國際旅遊娛樂展覽產

4　澳門罪案數字的演變，參考附表 5.1。

5　澳門特別行政區新聞局：〈2018 年首季罪案較同期升 1.7%〉，澳門特別行政區新聞局，2018 年 5 月 28 日，檢自 https://www.gcs.gov.mo/showNews.php?DataUcn=125558&PageLang=C。

業。澳門半島、路氹新城四處大興土木，外地的勞工等流動人口湧入，黑工及跨境罪案也成了重要的警務工作議題。賭權宣佈開放之前一年，即 2001 年，治安警察局連同其他部門一共發現非法勞工的人數為 173 人 [6]，在 2006，政府查獲的黑工數目是 1,416 人 [7]，增長超過八倍。經濟蓬勃，外資湧入，本地合法勞工短缺，澳門除了內地黑工外，亦出現東南亞及非洲籍人士，利用澳門「落地簽證」之便，入境後逾期居留非法工作。東南亞人士多來從事體力勞動工作，女性則當黑市家傭，中國內地的則多到賭場做「疊碼仔」，非洲人則多在地盤工作。跟香港不同，澳門打擊黑市工人的任務由治安警察的出入境事務廳負責，這亦是這些年來他們其中一個重要的任務。近年澳門治安警逐步收緊個別國民的入境限制，亦是源自黑工的氾濫。[8] 這些改變，對本來警力不足的警隊，當然是很大的的挑戰。

水域以及澳門的管轄範圍

另一個嶄新警務議題，是因應澳門新開發區域增加以及澳門管轄範圍擴大而衍生的對執法能力的需求。過去十多年，澳門的實際管轄範圍大增：2008 年開始，澳門路氹填海區漸次建成賭場林立的金光大道；2014 年中央政府特許交由澳門管理的珠海橫琴澳門大學校區正式啟用；2015 年中央政府通過《中華人民共和國澳門特別行政區行政區

6　孫家雄：〈經濟結構轉型下，政府如何保障失業工人的生活〉，載程惕潔主編：《澳門人文社會科學研究文選・社會卷》（北京：社會科學文獻出版社，2009），頁 132。

7　澳門立法會會刊，網址：http://www.al.gov.mo/uploads/attachment/diario132/78256585fbbfb59a1d.pdf。

8　以 2015 年澳門勞工局數字為例，治安警及勞工局合共巡查 4,066 個地點，共查穫 640 名黑工，即平均約六至七次行動查獲一名黑工，而成功立案起訴個案更有 49 宗，但此數字被社會各界質疑遠低於實際情況。參見澳門力報：〈神又係佢鬼又係佢！勞工局打擊黑工零效率〉，《澳門力報》網頁版，2016 年 10 月 25 日，檢自 http://www.exmoo.com/article/20415.html。

域圖》，調整了澳門特別行政區的陸地界線，明確了澳門的水域管理範圍；2017 年港珠澳大橋澳門人工島的利用；2018 年新城 A 區填海工程完成，令澳門陸地總面積由回歸之初的 23.8 平方公里增加到 32.9[9]，同時擁有面積為 85 平方公里的水域，這都令警方執法的範圍實際擴大。

這些變化當中，澳門自 2015 年 12 月 20 日正式擁有自己的 85 平方公里海域範圍（中華人民共和國國務院令第 665 號），令確定海上執法的安排成為了當務之急。[10] 回歸前澳葡政府沒有刻意澄清海域範圍，因為澳門一直沒有正式的海域。澳門半島，氹仔和路環周邊的外海，還有澳門周邊海域，基本上屬於內地的執法權力，「內地為主，澳門為輔」為海上突發事件及罪案執法的基本分工。因為沒有專屬水域，也令澳門的執法機關很難堵截從海路登岸的內地非法入境者。澳門長年有內地人士爬石牆，或坐船偷渡到澳門，因為海岸線長又沒有法定的管轄水域的權力，澳門海關難以執法，即使成功把偷渡者遣反，他們可以輕易再次偷渡。偷渡者到澳門除從事黑工外，亦有部分為了到澳門賭博。

在確立水域的新格局下，澳門與內地在澳門周邊海域的執法可說需要重新分工，轉變成「澳門為主，內地為輔」。但怎樣建立制度，清晰地劃分管轄區，以法律抑或協議形式處理，理論上需要兩地的當局儘快落實執行方案。

民怨及公民抗議活動

前文提及，回歸後首任行政長官何厚鏵決定開放博彩業，2002年政府決定收回澳門旅遊娛樂有限公司（Sociedade de Turismo e

---

9　　詳見澳門地籍局的統計資料，網址：https://www.dscc.gov.mo/CHT/knowledge/geo_statistic.html。

10　　澳門特別行政區第 7/2018 號《海域管理綱要法》把「海域」定義為經第 128/2015 號行政長官公佈公佈的中華人民共和國國務院令第 665 號附件的《中華人民共和國澳門特別行政區行政區域界線文字說明》所確定的海域範圍，包括水面、水體、海床及底土。

Diversões de Macau, STDM）的博彩業獨有專營權，終止 STDM 對澳門博彩業長達四十年的壟斷。2003 年，特區政府與中央措施同步，開放內地居民個人遊（即自由行），兩個政策令澳門經濟起飛。在 2001 年，澳門的生產總值（GDP）為 5,400 億；在 2011 年，GDP 達 29,210 億；在 2018 年，澳門的生產總值（GDP）超過 44,000 億，當中來自博彩業的收益，佔澳門 GDP 的四到五成。

急速的經濟發展對本土中小型企業不利。自 2004 年新賭場啟業後，勞動力的需求一時間大增，新酒店及賭場以優厚薪酬吸納大量僱員，直接使其他本地企業流失僱員，甚至導致其運作困難。2013 年，中小企業員工每月工資為 6,000 到 8,000 澳門幣，相比之下在賭場工作的荷官，工資可能是他們的兩倍，由 12,000 澳門幣到 14,000 澳門幣不等。在現行的法例下，中小企的老闆不容易引進外地勞工來填補空缺，令他們怨聲載道。小商人在經濟發展下，未見其利先見其害；經濟熾熱而引發的通脹，特別是房地產價格飛漲，則令低下層家庭苦不堪言。2006 年澳門的通脹率達 5.15%，而且自 2011 年起每年都保持在 5% 以上。不斷飆升的通脹，不斷蠶食市民生活的質素。[11]

經濟發展使中下層生活質量下降，令澳門社會內部衝突加劇，社會日益兩極化，加上政府主要官員的腐敗醜聞，令公眾對政府的支持越來越少，抗議聲浪日益增大，矛頭指向政府施政失誤。[12] 因為社會矛盾而

---

11   根據澳門統計暨普查局 2011 年的數據，2010 年全年本地生產總值為 2,173.2
      億元澳門幣，實際增長率有 27.1%，而截至 2011 年首三季度亦錄得 21.8%
      增長率。然而，同期代表通脹的消費物價指數，卻在 2011 年 8 月份開始突破
      6% 大關，按年攀升至 6.15%，創下 32 個月新高。柳智毅：〈2010-2011 年
      度澳門經濟發展運行情況總觀察〉，載郝雨凡、吳志良編：《澳門藍皮書：澳
      門經濟社會發展報告 2011-2012》（北京，社會科學文獻出版社，2012），頁
      84-85。

12   何厚鏵特首的支持率從 2004 年 12 月到 2007 年 1 月間下降了 15%，即從
      84.7% 下跌至 69.3%。(Public Opinion Program, HKU, 2007) 而下任特首崔
      世安支持率從 2009 年 12 月到 2017 年 9 月下降了 10.6%，進一步從 60.1%
      下跌至 49.5%，民望淨值亦急跌至 -44%，位處不合格水平；澳門市民對澳門
      政府的滿意度淨值和信任淨值更是回歸以來最低，分別只有 -19% 和＋17%。
      (Public Opinion Program, HKU, 2017)

活躍起來的公民組織，開始定時籌辦示威遊行上街，成為非一般的「澳門新常態」。[13]

澳門早在 1976 年已經有立法議會的直接選舉，比香港要早，雖然議席數目不多，但總算有推動本土政治力量的成長。澳葡時代，社會上已有不少利益團體通過正式及非正式渠道，試圖影響政府施政，但甚少公然挑戰政府的行政決定。到了特區年代，公民團體仍然不會採取激烈及對抗性的行動，甚少組織大型抗議或街頭示威，警方也很少需要在示威活動中執行職務，唯一一次是 2000 年的失業工人示威。這種「相對和諧」的情況在其後開始改變，也因此對澳門警務工作帶來衝擊。特區政府全資擁有全澳唯一的廣播電視台 —— 澳門電視台，以及多數本地媒體對政府施政相對支持，澳門發行量最大的兩家報章，都相對親政府，不過，隨着社會經濟衝突減弱了政府和媒體相互包容的關係，澳門媒體對政府政策的批評明顯增加。

2007 年五一勞動節遊行

社會矛盾，收入兩極分化，高通貨膨脹特別是住屋價格的上升，令公眾對政府管治出現明顯不滿，這些不滿很快演變為定期的街頭示威，回歸以後，逐漸有人在勞動節和澳門特別行政區成立紀念日舉行遊行。起初的一兩次，參與人數有限，但其後因政府官員被爆貪污醜聞，參與的人數逐年增加。可是，澳門警方管理和控制大規模人群的經驗很少，面對全新的狀況，處理的手法很容易受人爭議。

2007 年的五一勞動節示威，防暴警員為了阻止示威者到中央商業區遊行，警民之間的對抗很快升級為衝突。一名警員向空中鳴槍五響試

13　Yu, E. W. Y. & Chin, N. K. M., "The Political Opposition and Democracy in Macao: Revolutionaries or Loyalists?", *Government and Opposition,* 47(1) (2012), pp.112-113.

圖驅散人群，但卻誤傷了一名路人。直到 10 名遊行者被捕，21 位警務人員住院治療，這場集會才結束。事件吸引了國際媒體關注及報道，批評警方處理示威遊行的策略。事件過後，政府譴責示威者試圖用暴力達到政治目的，並為警隊採取的防暴手法辯護，強調在緊急情況下鳴槍的必要性。及後，不少民間團體在報章刊登廣告，指責「非法暴力群體」沒有遵從警方指示的路線遊行，部分廣告內容指責這次事件是蓄意引發混亂破壞澳門的穩定發展。[14] 這場風波令澳門警隊和市民之間的對抗受到國際媒體的關注。遊行過後不久，海外媒體報道了此次槍擊事件。雖然受到本地及海外記者的高度關注，警方繼續採取相對強硬的行動驅散和逮捕示威者。澳門社會對槍擊事件以及警員專業化水準的廣泛爭議，促使澳門政府進行改革。

澳門回歸前對警隊本土化的需求，加上經濟活動和跨境流動人口的增加，以及和博彩業相關的暴力犯罪的上升，所有這一切，都推動了社會對澳門治安改良的願望，也推動了警務工作的轉型。與此同時，公眾對施政透明度和官員問責日益增長的需求，本地和海外媒體對澳門管治工作越來越多的批評，在新的社會秩序下出現的社會行動，公眾訴求增加，這又進一步形塑了澳門警務工作的內容。這一系列的變化，最終引發了澳門警隊的改革浪潮。

當前澳門警政的新議題包括：警力的需求隨着澳門管轄範圍及人口增加而不斷上升，澳門連接內地的關口增加、人員流動的增加，港珠澳大橋的落成，對保安人員及質素的要求不斷提高。另一方面，罪案的類型多元及複雜化，需要更多專業人員處理新的犯罪模式。例如非法

14　參見蘋果日報：〈2007 年澳門勞工遊行警員向天開槍流彈誤傷途人〉，《蘋果日報》網頁版，2015 年 5 月 1 日，檢自 https://hk.news.appledaily.com/local/realtime/article/20150501/53664667。澳門特別行政區新聞局：〈特區政府對遊行期間出現的嚴重不守法事件表示譴責〉，澳門特別行政區新聞局，2017 年 5 月 2 日，檢自 https://www.gcs.gov.mo/showNews.php?DataUcn=25271。澳門日報：〈保安司肯定警隊工作　保安司的聲明，團體發聲明譴責滋事者〉，《澳門日報》，2007 年 5 月 3 日。

入境者及勞工的猖獗，商業及跨境詐騙罪案的增加，每年的示威遊行管理等。政府財政充裕，稅收龐大，應該有條件提高薪酬吸納更優秀的人才，但卻要和財雄勢大、擴張迅速的娛樂集團爭奪本土人才。政府招聘人員的機制，能否吸引最優秀的人才加入政府？另一方面，和內地關係的處理，以及人員培訓相關的議題，以至警察總局在新警政環境下的角色，都需要深入探討。

澳門警隊管理的革新

回歸以來，澳門在改革警隊方面進行了不少工作，當中包括：設立警察總局（Serviços de Polícia Unitários, SPU），調整警員薪俸點數和金額，提升警員專業化水準，以及加強內部溝通，增加警隊面向公眾的透明度。

設立警察總局

正如前文所述，從司法警察成立的二十世紀六十年代開始，其與治安警察已是各自獨立的部門，澳門回歸之前，社會輿論經常把治安問題歸咎於兩支警隊的各自為政。澳葡管治的最後年代，保安部隊曾經進行改革，試圖加強治安警察的職權範圍，減低司警的業務壓力。1996 年澳門《刑法典》正式生效後，所有可處以三年或以下的案件，治安警可以自行開展調查，這個善意改革，最後卻加深了治安警及司警的衝突。另一方面，由於澳門《基本法》載明特區政府的主要官員包括「警察部門主要負責人」[15]，回歸初期，特區政府即着手改革澳門的警務系統。2001 年 10 月 29 日，警察總局（Servicos de Polícia Unitarios）正式成

---

15   澳門《基本法》第 50 條。

立，負責指揮和監督治安警察局和司法警察局，既滿足《澳門基本法》規定，同時是一個理順兩支警隊角色和職能的舉措。警察總局的設置，其職能設計也明顯針對了以往司警及治安警的「不咬弦」、權責不清以及互不合作的情況。

根據第 1/2001 號法律《澳門特別行政區警察總局》的規定，警察總局有權命令屬下警務機構執行任務，也有權分配兩局的營運資源，管理罪行調查（與司法當局的主導地位不矛盾），並在需要的時候收集、分析、傳遞和發佈重大資訊。這個新的協調機關還負責策劃統籌公關、對外以及聯合活動。其後，特區政府亦把海關及監獄從治安警察局的分支中拆出，自成獨立運作部隊。2017 年 5 月 25 日，特區政府根據第 1/2017 號法律撤銷保安協調辦公室，將民防職責納入警察總局的職務範圍內。目前，警察總局設有七個附屬單位：

（1）局長辦公室；

（2）情報分析中心；

（3）行動策劃中心；

（4）民防及協調中心；

（5）資源管理廳；

（6）電腦及資訊科技處；

（7）警務聯絡及公共關係處。[16]

學歷資格、待遇與職程改革

回歸前警隊出現的素質問題以及兩支警隊的衝突問題，與保安部隊成員的學歷資格、待遇以及職程制度同樣有關，媒介常有治安警不滿薪

16　詳見警察總局網頁，網址：http://www.spu.gov.mo/index.php?m=content&c=index&a=show&catid=21&action=21&id=1&lang=tw。

資低於司警同僚而覺得受到歧視的報道。[17]治安警薪資低於司警,首先是入職條件不一的問題。澳葡政府自七十年代中大規模招聘華人警員、消防員和海關這些保安學員時,入職要求只是小學肆業或畢業程度,這是造成澳葡警隊學歷水平低的主要原因。回歸後,政府先在 2002 年修改《澳門保安部隊保安學員培訓課程的錄取制度》(第 6/2002 號法律),將進入保安部隊軍事化人員基礎職程(即保安學員)的入職條件,提升為初中畢業。2008 年,頒佈《重組保安部隊及保安部門職程》(第 2/2008 號法律),將保安部隊的這些軍事化人員的入職條件,提升為高中畢業。

　　入職條件的更改,很自然影響薪資制度。回歸前夕公務員最後一次調整薪資的 1997 年,一位普通警員入職的月薪是 180 點乘以每點澳門幣 50 元,即每月澳門幣 9,000 元。千禧年後,在提升入職學歷資格的同時,政府大幅提高治安警員的入職薪酬,拉近與司警專業技術員薪酬的差距。2002 年當局在提高治安警員的入職學歷要求至初中畢業時,將入職薪酬從 180 點提升至 195 點。2005 年間,博彩業開放後不久,因應賭場保安甚至荷官的薪酬優於警員,新招募的警員和在職警員的離職率都非常高,政府迅速調整了工資來穩定警員隊伍。從 2008 年起,當治安警察局新入職警員學歷提升至高中畢業時,其入職薪酬也同步提升至與司法警察局二等刑事技術輔導員入職薪酬一致,同樣設定為 260 點,這時每點是 59 元[18],相當於入職基本月薪達澳門元 15,340。另外兩局人員同樣可以收取「增補性報酬」,以補償其需要超時正作、輪值和

17　　以 2003 年一則報道為例,當時一批前線治安警警員就曾因不滿其月薪較司警少,更需自掏腰包支付電話、線人、交通等雜費協助查案而自發組成工會,發起在該年國慶公眾假期下按章工作,向政府表達訴求。太陽報:〈治安警不滿薪低 10・1 擬按章工作 濠江掀警政風暴〉,《太陽報》網頁版,2003 年 9 月 27 日,檢自 http://the-sun.on.cc/channels/news/20030927/20030927023212 _0001.html。

18　　2008 年澳門財政預算,網址:https://images.io.gov.mo/bo/i/2008/09/lei-1-2008.pdf。

持械，這筆附加津貼在 2005 年為 50 點（第 13/2005 號行政命令），在 2012 增加至 100 點（第 33/2012 號行政命令）。經歷 2002 年和 2008 年的兩次入職薪酬調整，緩解了兩局人員之間長期的緊張關係，同時，受惠於「增補性報酬」以及特區政府的整體公務員薪酬調整，至 2019 年，因為每點增至 88 元（19/2018 號法律），新入職警員的月薪連同津貼達到澳門元 31,680，而且每年獲發薪 14 個月，在澳門博彩業飛速發展時期穩定了警隊，為政府留住人才。

值得一提的是，雖然提升待遇對改善治安警的素質和士氣有明顯作用，不過，因為澳門特區政府決定取消公職人員的退休金制度，2007 年起入職的公務員，包括警員，均只可以加入公職金制度，此舉也曾經影響新入職警員的士氣。由於其他文職公務員的薪金與警員相差無幾，而且工作環境及性質較舒適，又不用輪班工作，於是很多新入職警員都不停投考其他部門的文職工作，一旦成功就離開警隊，令警隊的流失率增加，人手不足。[19]

澳門警隊從軍隊變革而來，部隊的架構、人員管理，都依循軍事組織概念而成。也即是說，警務人員都被視為「軍事人員」般看待。事實上，保安部隊的所有受聘軍事化人員（即軍職人員），都受《澳門保安部隊軍事化人員通則》（第 66/94/M 號法令）規範。治安警或司警的「軍事化人員」及文職人員，前者有屬於「基礎職程」的員佐級人員和「高級職程」的警官。兩支部隊及其他的制服部隊內，還有屬於「技術員」及「高級技術員」職級的文職人員。相對於香港警隊的管理制度，澳門警隊似乎面對着兩大難題。首先面對的難題，是怎樣把「軍事化的警隊

19　根據澳門公職制度，公務人員的入職薪俸點與學歷要求掛勾，唯有公職入職學歷要求竟沿用 30 年前的規定，低學歷受聘者無法應付實際情況，高學歷受聘者卻薪俸偏低，出現編制逐年增加，卻士氣低落且不少人才因尋求更佳的待遇而另謀高就，如擔任賭場的荷官。東方日報：〈澳門亂象：公僕士氣低屢爆管治問題　荷官薪高人才投賭業〉，《東方日報》網頁版，2017 年 12 月 11 日，檢自 http://hk.on.cc/hk/bkn/cnt/news/20171211/bkn-20171211000144469-1211_00822_001.html。

人員」和「非軍事」的文職公務員劃分，他們究竟是否適當合併統一管理？澳門公務員職級制度，都是傳統的金字塔式從上而下式的組織架構；而作為「軍事化人員」的警隊，他們的工作始終和其他文職人員有根本的不同。究竟「軍事化人員」，應否跟其他公務員有不一樣的薪酬待遇、宿舍安排、退休年齡？這是澳門需要面對的問題。

另一個澳門警隊面對的問題是，在軍事式基礎職程的員警升職困難。澳門和香港警隊的升遷制度，有相似的地方，也有不同的地方。相似的是，警隊是金字塔式架構，如果層級多，升職較易；相反層級少，升職較難。員佐級或基礎職程的警員升職，在港澳都不容易。太平盛世時，撇開人事問題不談，升職以考試評核為主，兩地的制度也強調考試的重要性。澳門和香港比較不同的是，基礎職程的警員要升級至警官有很大的困難，因為兩個職程並不互通，除非具有基礎職程的警員成功自行投考高級職程的課程，並順利畢業入職為副警司等，否則要向高級職程流動幾乎不可能。法律上雖然可以因為「傑出個案」而升職，但實際個案極少。沒有升職機會，會導致部隊軍心不穩，所以特區政府在2016年開始《保安部隊軍事化人員通則》的修訂工作，希望完善晉升制度，增加銜接職位，打通基礎職程與高級職程之間的晉升渠道，促進內部人員晉升，鼓勵前線人員力爭上游。澳門在2018年，約有50%的治安警員有大學學位，相當於具有加入高級職程的學歷，他們能否獲得更多的晉升機會，值得觀察。

提升警員專業化水平

培訓方面，回歸後澳門警隊的職業道德課程有了固定的訓練時數。不過，警隊在招聘、訓練及管理模式上分別不大，只是訓練時間有所調整。招聘考核包括驗身、體能測試、筆試及心理，以前整個招聘程序需時約一年，現在已減至半年。現在所招聘的警員在學歷上已比以往大有提升，更有不少是大學生。在訓練方面，根據法例（第6/2002號法律）是8至12個月，現時警校執行的一般為9個月。訓練期間會教授不同

課程以及鍛煉學員的體能。

這些訓練是否足夠？從 2007 年的遊行可以看出，澳門警隊應該增加處理人群和處理示威場面的訓練。2007 年澳門發生了「五·一遊行」警民衝突，當時警方在禁止遊行隊伍前行時，因為衝突鳴槍示警，結果流彈誤傷途人。當時澳門還沒發展出以規章制度為基礎的警務工作，亦沒有明確的書面規定，指示前線警員如何安置混亂的人群。參閱澳門的中文法律文憲，可以發現，關於如何處理抗議、示威和公共集會的官方文件，只有兩個由澳門特別行政區立法會公佈的小冊子。2001 年出版的本小冊子名為《行使請願權利》（Exercício do Direito de Petição），裏面列出了所有關於請願行為以及規範這些行為的法律。第二本小冊子名為《集會和抗議的權利 —— 第二版》（Direito de Reunião e de Manifestação），其中列出了所有在這方面的法律，以及立法者在修訂這些法律過程中的辯論。關於警方應該如何處理這類行為的規定和程序，除了政府第 66/94/ M 號法令以外，沒有其他文件公諸於眾。要對付既不是罪犯也不是施暴者的示威人群，對澳門警員來說進退兩難。鳴槍事件後，一些政府高級官員堅稱，儘管沒有按規則行事，但是所有警員在當天都是合理地使用武力。

澳門對警務人員如何使用槍枝彈藥有一套書面規定，澳門警隊的日常管理工作中，有要求警員要為任何拔槍或鳴槍的行為上呈報告，局方亦同時可以為曾經拔槍的警員作心理評估。2019 年初，澳門發生一宗警員鳴槍案。一名警員在勸喻賭場外禁煙範圍吸煙的旅客停止吸煙時遇到襲擊，警員向天開槍示警停止襲擊行為，事後保安司司長黃少澤向傳媒披露，「鳴槍警員在接受心理評估後已恢復前線工作」，而且，警隊在該案的檢討過程中提出將為治安警配備胡椒噴霧，如果日後同類事件發生，警員可以改用胡椒噴霧而不用鳴槍示警 [20]。

20　　澳門力報：〈鳴槍警員恢復前線工作，治安警將配備胡椒噴霧〉，《澳門力報》網頁版，2019 年 1 月 17 日，檢自 https://www.exmoo.com/article/93083.html。

所以，2007 年的鳴槍事件也暴露了澳門警方防暴力量的不足。澳門早在回歸前已經成立了一支機動警員部隊 —— 特警隊（Unidade Tactica de Intervencao da Polícia, UTIP）。特警隊成員都要接受專門的防暴訓練，可是他們的編制只有約 500 人，過往澳門沒有大規模示威時，這個數目是合理的，但到了二十一世紀中期，特警隊的人手明顯不足以應付示威和社會動亂。鳴槍示警的事件後，治安警被安排接受更多處理公眾示威和抗議的訓練，局方亦仿效香港警方採取「軟性」控制人群策略，在處理示威時將女警派到前線。

社區警政措施

回歸以後，特區政府繼承原有的葡式警政制度，不過，這個本地化的警隊，面對的卻是不一樣的社會：澳門與內地在政治、經濟及社會接觸有更趨密切的格局，澳門市民對警隊的期望明顯比回歸前高；互聯網世代到來，警務人員的行為受到「全天候監察」，傳媒及不同社會團體的意見對警隊的工作的影響力量增強。這些社會轉變，都令警方着力把運作規範及制度化，亦着重對警員的操守及形象的管理。

回歸後，警隊開始強調「服務市民」，政府自 2002 年開始，採取不同的策略為澳門警隊重新包裝形象。警方公佈了兩條緊急熱線：治安警察局的熱線是 999，司法警察局的是 993。警方也經常刊登廣告和派發傳單呼籲警民合作，更多舉辦新聞發佈會解釋社會關注的警務事件，嘗試增加與公眾的資訊交流，建立警民互信，減少外間對警隊的批評。[21]

警隊管理層同時亦認定傳統犯罪模式的改變，改為重點打擊網

21　參見澳門特別行政區新聞局：〈993 代替 999 嗎？〉，澳門特別行政區新聞局，2009 年 5 月 8 日，檢自 https://www.gcs.gov.mo/showNews.php?DataUcn=37075&PageLang=C。

絡犯罪、詐騙及有組織犯罪，把警務策略放在三個重點：「打擊為重點」——重點對付黑社會及嚴重罪案；「預防為優先」——推出社區警務系列，以科技推動社區警務；以及「強化區際合作」——粵港澳警務合作，提防恐怖主義犯罪及處理跨境犯案。在社區警政方面，重點拉近警民之間的距離，加強公眾對警隊工作的認識[22]。2015年開始，保安司開始推動「保安範疇的新型施政理念，構建以『主動警務』、『社區警務』和『公關警務』三個並行理念為指導的新型工作模式，主動走訪社區，面向市民，回應市民的實際需要，開展各項社區警務工作，使警力向社區深度延伸，爭取市民對執法工作的支持，貫徹特區政府以人為本，以民為先的施政理念。各項工作緊密了警民關係，促進了警民互動，大大提高了防罪滅罪和維護社會秩序的執法成效，新型警務模式正在形成。」[23] 司警創立了類似香港「少年警訊」的「滅罪小先鋒」，專門吸納青少年會員。這種針對青少年的工作，幾乎在保安司轄下的所有紀律部隊鋪開，治安警設有「治安警少年團」、海關有「海關小領袖」、消防隊有「滅火小先鋒」，2017年又成立了以警員未成年子女為成員的「治安小警苗」。此外，警隊亦和私人物業管理公司合作，推廣社區警政，從「冬防」開始，向市民及街坊推廣犯罪防治訊息，又籌辦「警察日」、「消防日」等紀律部隊與公眾接觸的活動，令市民了解警隊的工作。同時，澳門特區警隊的各個部門，近年均積極開發社交對話平台，建立臉書（Facebook）和微信帳號，主動直接向公眾發佈資訊，而且善用網

22　澳門特別行政區保安司及其轄下相關部門曾於2011年立法會議中確立「活化社區警務、促進和諧的警民關係建設」為未來發展重點之一，旨在加強警方和傳媒及公眾的溝通和合作關係，除增加資訊透明度外，也透過不定期的探訪交流活動增加和公眾的接觸。詳情請參閱澳門特別行政區立法會：〈辯論保安領域2012年度施政方針政策〉，《澳門立法會會刊》，第一組第4(60)期，2011年11月28日，頁4-5。

23　澳門特別行政區政府保安司「二零一五年度保安範疇施政方針的執行情況施政總結」，見網頁版，網址：https://www.gss.gov.mo/cht/lag2016.aspx。

絡語言和圖像傳播。

　　回歸後澳門警方與內地警方（無論公安及國安）的交流增多，與葡國也有維持專業部門的交流合作活動，例如拆彈部門等。與國安方面，也有工作上的交流，有關國家安全、維穩及有國家領導人出席的活動場合，澳門警方亦會與國安合作。與公安方面，除工作上的合作外，亦有不少交流聯誼活動，例如不同類型的訓練及比賽。部門比賽活動甚至已經常規化，每年舉行如粵港澳三地運動比賽等。澳門與新加坡及香港等不同地方的警方，亦有增加交流。

重新塑造中的警民關係

　　澳門特別行政區成立以後，沿用了澳葡政府時期的制度：警隊嚴格分層，軍事化，保留了治安警和司警的雙員警制度，新增警察總局協調兩個警察部門的行動。最大的差異，是警隊領導層成員本地化，令到回歸前夕仍然因為語言隔閡而出現的警民疏離問題有了改善的機會。面對澳門市民的要求，特區的保安部隊領導也採取了各種改革舉措，一方面打擊罪案維護治安，另一方面則重整警隊形象，重塑警民關係。

　　事實上，特區成立後治安得到快速改善，警隊形象也因而得以提升，加上前述的各種職程改革，都令特區警隊與回歸前的澳葡警隊大不相同。不過，更為明顯的變化，是特區警隊進行了非常明顯的警民關係重塑工程。澳門特別行政區的新領導試圖通過加強政府和它所服務的社區之間的連繫來重新定義國家與社會之間的關係。新政府致力於取代脆弱的、非制度化的社會控制網絡，政府正式安排警員在社區中扮演更重要的角色，前文提及的「主動警務」、「社區警務」和「公關警務」，是當中最重要的代表。

　　現在，澳門的警務工作無疑變得更加透明，警隊的效率和形象也大幅改善，警民關係不再像回歸前那樣疏離隔閡，可是這些改革措施的更確切的成效，還有待觀察。

附表 5.1：澳門罪案數字（1981 至 2017 年）

罪案與其種類						
年份	總數字	侵犯 財產罪	侵犯 人身罪	妨害 本地區罪	妨害 社會生活罪	其他 罪行
1981	2,851	n/a	n/a	n/a	n/a	n/a
1982	3,773	n/a	n/a	n/a	n/a	n/a
1983	5,233	n/a	n/a	n/a	n/a	n/a
1984	6,831	n/a	n/a	n/a	n/a	n/a
1985	5,228	n/a	n/a	n/a	n/a	n/a
1986	4,414	n/a	n/a	n/a	n/a	n/a
1987	4,717	n/a	n/a	n/a	n/a	n/a
1988	4,798	n/a	n/a	n/a	n/a	n/a
1989	5,524	n/a	n/a	n/a	n/a	n/a
1990	5,514	n/a	n/a	n/a	n/a	n/a
1991	5,841	n/a	n/a	n/a	n/a	n/a
1992	5,775	n/a	n/a	n/a	n/a	n/a
1993	5,322	n/a	n/a	n/a	n/a	n/a
1994	5,966	n/a	n/a	n/a	n/a	n/a
1995	7,181	n/a	n/a	n/a	n/a	n/a
1996	8,576	n/a	n/a	n/a	n/a	n/a
1997	8,162	n/a	n/a	n/a	n/a	n/a
1998	8,487	n/a	n/a	n/a	n/a	n/a
1999	9,262	n/a	n/a	n/a	n/a	n/a

（續上表）

罪案與其種類						
年份	總數字	侵犯財產罪	侵犯人身罪	妨害本地區罪	妨害社會生活罪	其他罪行
2000	8,925	n/a	n/a	n/a	n/a	n/a
2001	8,905	n/a	n/a	n/a	n/a	n/a
2002	9,088	n/a	n/a	n/a	n/a	n/a
2003	9,920	n/a	n/a	n/a	n/a	n/a
2004	9,786	4,987	2,334	831	816	818
2005	10,538	5,715	2,376	702	935	810
2006	10,855	5,506	2,520	702	1,278	849
2007	12,921	6,835	2,760	888	1,420	1,018
2008	13,864	7,728	2,707	883	909	1,637
2009	12,406	6,462	2,505	1,000	675	1,764
2010	11,649	6,095	2,472	867	661	1,554
2011	12,512	7,080	2,428	955	670	1,379
2012	12,685	7,283	2,479	795	701	1,427
2013	13,685	7,719	2,521	813	971	1,661
2014	14,016	7,843	2,718	903	896	1,656
2015	13,653	7,584	2,721	1,136	813	1,399
2016	14,387	7,658	2,909	1,585	989	1,246
2017	14,293	8,087	2,919	1,227	1,013	1,047

附表 5.2：2018 年澳門保安組織架構圖

2018 年澳門保安司組織架構

保安司

警察總局

保安司司長辦公室

行動指揮

澳門特別行政區海關

保安部隊事務局

治安警察局

司法警察局

消防局

保安部隊高等學校

懲教管理局

金融情報辦公室

2018 年澳門治安警察局組織架構

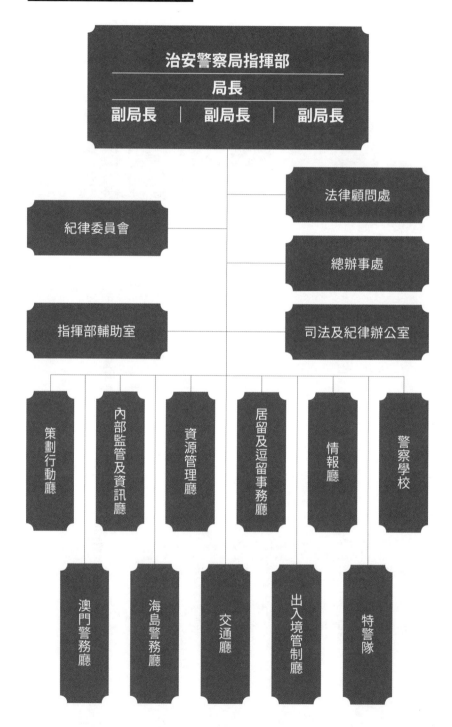

司法警察局領導層

刑事調查廳

博彩及經濟罪案調查廳

情報及支援廳

刑事技術廳

協調廳資訊及電訊

管理及計劃廳

司法警察學校

毒品罪案調查處

經濟罪案調查處

博彩罪案調查處

國際刑警組織中國國家中心局澳門支局

行動支援處

情報綜合處

刑事技術支援處

刑事技術鑑定處

電訊處

資訊處

財政及財產處

人事及行政處

有組織罪案調查處

資訊罪案調查處

清洗黑錢罪案調查處

特別調查處

技術偵查處

犯罪現場勘查處

電腦法證處

社區警務及公共關係處

第六章・
總結

殖民時代港澳警務機構的異同

在第一章，我們列出了一系列普羅大眾對港澳兩地警察制度的疑問，希望在其後的章節中提供我們分析的答案。其實這些疑問，多是源於市民對警察制度的不了解。如再進一步細想，這個不了解，其實也可以理解為殖民政府沒有讓市民理解警察制度的意欲。

為甚麼殖民政府沒有讓市民理解警察制度的意欲？因為回歸前，港澳兩地的警務機構，都是殖民管治者以合法武力維持社會秩序的代表，他們是向英葡兩國負責而非向殖民地人民負責的，在本地區的認受性，並不影響其執法工作。港澳兩地的殖民社會，皆有洋人為管治者和社會上層，華人為被管治者與社會低下階層的特徵，這個不公平的種族社會階級結構，其實就直接反映在港澳兩地的警隊科層架構之中：兩者都基

本上強調「華洋分隔」；兩地的警隊，都由來自宗主國的長官領導，下屬則來自其他地區和本地的華人。[1]

港澳在這個種族等級制度下的唯一差異是，香港早在上世紀七十年代開始，有華人可以進入社會的中層以至中高層。港英的殖民地管治方式有「行政吸納政治」特點，所謂「行政吸納政治」[2]是七十年代前英國殖民者在香港採取的一種讓被殖民的本土華人參與殖民地治理的方式，港英政府在基礎設施和社會政策的推行過程中，都以「行政吸納政治」的方式，將香港政府和社會各界聯繫在一起。在澳葡時期，澳門曾經歷長達三個世紀的中葡分治局面，期間葡人與居澳華人沒有正式的管治關係，葡人社群初期以自治及非正式的巡邏隊方式維持治安，十七世紀初開始葡萄牙委派軍官以軍事手法管理澳門的防務和治安。二次大戰之前，香港有「更練團」的設置，新界地區的華人社群自己組織保安隊伍，這是有限度的地區治安自治。澳門的華人社群卻是一直由廣東的地方政府負責管轄，一直至 1849 年阿馬留總督強行對澳門實行殖民管治後，澳門才真的被納入澳葡當局的管理中。政府和華人之間的溝通，在二十世紀六十年代以前，主要靠以土生葡人和少數諳葡語的華人執掌的華務司負責；六十年代以後，主要通過與北京政權緊密聯繫的愛國社團用相對間接的方式管理。這些社團，受到殖民政府的重視，政府會撥款

1　前香港警隊博物館館長吳志華曾在其著作中，指出香港早期警察制度的四個特點：不是單一警察體系，具有二元性特質；建立時參照倫敦大都會警察為藍本，但在移植的過程中曾被修改；借鑑「皇家愛爾蘭警隊」經驗的說法，不能成立；從未發展成一支民用警隊。這四個說法，都曾在本書中討論，並加以論述。除了第三個「皇家愛爾蘭警隊」作藍本的論點，筆者有所保留外，其他基本上都是當前學界對香港警政分析的主流觀點。見吳志華：《香港警察制度的建立和早期發展》（香港中文大學博士論文，1999），頁 168-169。

2　所謂「行政吸納政治」（Administrative Absorption of Politics）是七十年代前英國殖民者在香港採取的一種策略。這種策略是讓被殖民的本土華人某種程度上參與殖民地的治理。香港的殖民地時期，除了有麥理浩總督下對經濟發展實行的「積極不干預」政策，港英政府在基礎設施和社會政策的推行過程中，都以「行政吸納政治」將香港政府和社會各界聯繫在一起，這種策略儘管民主成分少，卻是成功的。

支持其營運；非常個別的社團負責人，會被委任公職。

　　作為殖民地警隊，香港警察是中央集權的，以維護英人在港利益為目標。葡人佔據澳門，初期並未正式把澳門劃歸為殖民地。到了正式創建澳門為殖民地，及後成為葡萄牙的「海外省」，澳門政府基本上都是由跟軍隊有密切關係的人員領導，澳門歷史上的澳督，大部分都具有「將軍」的頭銜；澳門歷史上大部分時間，治安和防務是同一個概念，由軍隊和警察共治，警察又常常是混合的，有從屬於軍隊的，也有從屬於市政機構的市政警察。二十世紀六十年代司法警制度確立後，澳門逐漸過渡為雙員警制度，基本上沿襲葡萄牙刑事司法系統的分工模式：日常巡查及刑事偵查分別由兩支警隊負責。比較港英及澳葡的設置，兩者最大的分別，是英國把管治海外殖民地的手法用於香港，而葡國則直接移植其本土的警務系統到澳門，而且在四百多年間，因為葡萄牙本土的警政制度一直變更，澳門的警政制度也隨着有所改變。在亞洲地區，多國都曾在十九世紀成為歐陸諸國的殖民地，但澳葡這種二十世紀六十年代開始確立的「雙部隊設置」的警務系統，在亞洲的城市中並不普遍。港英的警隊雖然理論上為民警，但領導多為具備殖民地軍事或警務經驗的人員；而本地招募的華人下屬，有需要的時候亦會被轉化成具有平暴能力的類軍事人員。澳葡的兩支警隊，都由葡人領導，治安警的領導為軍官，本地人擔任基層警員；司警的負責人多為檢查官，其他人員也相當於香港的律政人員。

　　在「人事編制」方面，香港警察基本上是一個中央集權的警務組織，具有半軍事化的編制及功能，但是基本上大多數的警務人員會被視為公務員；招募入職的本地警員，在港英時期基本上是公務員，向英女皇效忠，由《警察通例》規管行為。但同一時間，他們的聘用條件亦有別於一般公務員，警務人員會被視為「特別紀律部隊人員」而待遇較優厚。澳門自出現兩個警隊後，即談不上中央集權，治安警員被視為「軍事化人員」，受《澳門保安部隊軍事化人員通則》（第66/94/M號法令）規限，司警則依司法警察局的組織及運作（第9/2006號行政法規），但紀律制度跟一般公務員沒有差異，受《澳門公共行政工作人員通則》

規管。治安警員因為被劃歸為「軍事化人員」，受紀律人員通則的約束，相對香港，他們所受的限制更多，也更為嚴格，但實際執行時，澳門在警員的背景審查和紀律管理各方面未見嚴謹。相反，香港的警務人員雖然不是「軍事化人員」，但《警察通例》實際上嚴格規範了警隊的運作，例如警務人員離境需要預先申請，如被發現與「不良分子」為伍，沒有合理解釋可被紀律處分，甚至革職。

在「招募及訓練」方面，兩支警隊顯示出明顯的差異。香港警隊基本上沿襲了英式警務系統的理念，長官及下屬的招募、要求，以至訓練，不盡相同。例如前線的警員的入職要求，漸次從小學畢業提升到中學畢業。見習督察則從中學畢業，提升到現在的大學學位。招募了合適人選之後，所有學員都需要接受為期六個月至九個月的密集式在職訓練。這和澳門的歐陸式警政系統，要求入職的警務人員要接受為期九個月（普通警員）至四年（警官，另需實習半年）的全面警務應用及學術訓練，理念有根本性的不同。另外，香港警隊非常強調品格審查，但這個所謂「品格」的審查，並不是一般我們所理解的個人操守審查，反而是投考者德行以外的個人政治傾向及聯繫的審查。當年便曾經有一些警員，被發現與境外政治組織有緊密聯繫，高層不再相信他們的政治忠誠，而被勒令即時離職。八十年代中，中英協議香港在 1997 年，回歸中國，按協議香港警隊會全面「本地化」，當年在倫敦的安排下，香港警隊和英國國內不同的警隊推行「警司借調計劃」，香港的華籍警官獲保送往英國受訓，亦會在當地正式就任警隊的管理職位，為期數年，協助他們累積實戰經驗。這個特別的計劃，再加上與其他英聯邦地區的警務交流，對促進及提升華人警官的業務能力大有幫助。事實上他們很多亦成為 1997 年回歸前後香港警隊的中堅分子。

1976 年《澳門組織章程》確立後，澳門警隊經歷了數次架構上及運作上的改革，但到了九十年代基本上仍然由葡人領導，甚至輔助的中層管理人員，都是葡人及土生葡人，華人只佔極少數。根據當時的升遷制度，華籍人員即使能獲得提拔升遷，仍需遠赴葡國考取當地的專業警務資格才能就任；由於當時澳門本地缺乏正規的警務和法律專業的培訓

機關，這對很多不諳葡語的華籍警員來說，基本上是不可能的任務。澳葡年代後期，政府財政緊絀，未有投放太多資源於警務工作。負責培育警官的澳門保安部隊高等學校，1990 年才進行首屆高級職程學員的招生工作，澳門大學的法律系在 1998 年 11 月才開辦第一屆本科法律課程，一些比較專門的案件，每每要求助香港警隊提供支援。

殖民地時代的警政制度，基本就是宗主國在該殖民地管治哲學的體現。當然在不同的時期，亦會有所改變。香港的警察制度是殖民地模式，非本地人領導，警民比例非常高，中央集權及半軍事化管理，政府隨時可以動員防暴，亦用了類軍事的規章管理警務人員的操守，警員沒有罷工權等。同一時間，警隊的管理又有英式文官制度管理中的一些情節，例如崗位輪換，薪酬按學歷及經驗調節，退休長俸等。殖民地的法律亦賦予警隊相當大的行政及執法權力。從學理上而言，香港警隊基本上從未可算是一支「市民的警隊」，縱使經過七十年代後期的一連串架構改革，加強社區警政措施，「過渡期」推出的新公共管理改革，亦包括增加警隊的透明度，向市民問責，但嚴格來說，這些措施都沒有改變過警隊的本質，只是改變了警民交流的方式，在市民心目中，締造了一個跟七十年代以前截然不同的「廉潔、專業、中立」形象。英國管治下香港的警務系統特色，其實就是英國在各殖民地內部保安的根本理念：法律賦權，但備而不用，沒有試圖用高壓的手段臣服本地居民，亦設有設計令社會不同的族群自然分隔，當然更沒有試圖徹底改變社會的文化，這相當於香港政治著名學者 Norman Miners 在其著作 *The Government and Politics of Hong Kong* 中說明的一種殖民地年代早期的英國官員的管治哲學：「千萬不要無故嘗試搬走道路上沉重的石頭，否則後果難料」。這個哲學，解釋了為甚麼二次大戰前警隊「於民疏離，非本地化」的模式，解釋了為甚麼同時又有華人更練團的設立，更解釋了為甚麼警隊在華人社群的認受性低，華籍警員普遍質素低落，甚至曾經是世界上其中一支最腐敗無能的警隊。

二次大戰之後，世界的冷戰格局，加上「日不落國」從殖民地撤退的策略，影響了香港警隊的發展。當時，增加招聘華人作前線管理的警

官，強化品格（政治取向）審查以避免捲入兩岸對峙的漩渦，增強警隊防暴力量，改善和英軍的戰略配合等，甚至「六七暴動」後警隊形象、業務能力及人員質素三方面的急速改變，令政府和警隊日得民心，但英國管治香港的理念其實並沒有根本性的改變。一如以往，她沒有用「硬實力」去改變香港社會，反之通過制度的確立，增加官民溝通，滿足市民基本需要，即使面對中國大陸政治更迭，以至之後改革開放對香港直接間接的衝擊，仍然獲得了市民對警務系統以及殖民政府施政的認同。很多人認為，港英政府在殖民地年代後期的「成功」——經濟起飛，社會相對穩定，代表了港英政府在七十年代後「社會改造工程」的成功，亦是配合內地改革開放帶來的機遇。但似乎更不能忽視的是，警務系統在七十年代後的「專業」及「制度」化，成功為香港締造一個相對安定的內部環境。比較其他在二次大戰後獨立的亞洲國家，甚至曾是英聯邦地區的去殖國家，香港的局勢可說是相當穩定，這絕不能忽視港英的警務系統。

　　除了管治理念外，當然不可不提地緣政治對警隊發展的影響，這個地緣政治的因素，是二次大戰後冷戰格局，以及中國大陸政治變化的因素。二次大戰之後，英國在香港最主要的管治方針是防止社會「政治化」，在未確定香港前途之際，英國在中國國共內戰期間的盤算，就是致力避免香港捲入兩岸政治的爭議，以保障英人在香港的利益。警察的管理也依循這個目標。香港在 1967 年的「六七暴動」期間，殖民政府通過了一系列的嚴刑峻法，使警方的權力大增，方便作打擊「暴徒」之用。雖然大多數的時候，這些「惡法」(Draconian Legislations) 都只是備而不用，但在緊急情況時，它們都是用作內部保安 (Internal Security) 非常有效的無形武器。在強調「法治」的殖民政府體制內，警隊可以依法執法，隨時把目標人物檢控收監。更重要的是市民對香港本地左派的觀感，因為暴動而變得非常負面，亦對所謂「政治」深感恐懼。所以暴動後，政府直接調整了管治的策略，採取了一系列的措施，政府無論在福利、勞工、社會發展方面，皆扮演了更加重要的角色，也拉近了與民眾的距離。港英當局在 1967 年之後，對「民族主義」、「公

民意識」等議題，有了重新的詮釋。普遍市民對「政治議題」非常抗拒。經濟的發展亦使一些專業人士組成的中產階級得以迅速興起，他們對政治的訴求、社會發展的理解，和之前那些基本上從內地逃難到香港的民眾以及那些本地的傳統左派南轅北轍。這造就了之後有關香港前途談判中，本地的價值觀與內地的那一套理念產生了非常大的衝突。

澳葡政府早期在澳門實行的華洋分治，雖然更多是明清兩朝對澳門主權不退讓的結果，但同時可以視為葡萄牙對澳門管治的務實取態 —— 這是商埠，供葡萄牙人進行遠東貿易，所以只要明清兩朝允許葡萄牙人繼續壟斷與中國的貿易，葡萄牙人會尊重明清地方官對華人的管轄權。1845 年，葡萄牙單方面將澳門宣佈為自由港；1849 年，澳門總督阿馬留強行在澳門推行殖民管治，箇中因由是鴉片戰爭間接破壞了原來的平衡 —— 香港開埠成為自由港和英國的殖民地，令澳門的貿易一落千丈。葡萄牙無法忍受澳門的衰落，決定以強硬手段對抗廣東的地方權力，乘清廷積弱之機，單方面宣佈澳門為殖民地，阿馬留逐步以拓展地界的方式，將澳門北面由清廷管轄的農村劃入管治範圍。

澳門警隊原來都是軍隊，由葡人領導。在澳門招聘的中葡混血兒因為懂中葡雙語，所以有被擢升為中層管理的機會。歷史上曾經出現葡人自其他殖民地派遣的非洲和印度軍警，通常是中下層人員，而且大多數情況下，跟華籍警員一樣，屬於軍警中的前線下屬。這個設置像港英警隊一樣，有階級歧視成分，也會導致警民疏離。相比香港，澳葡沿襲自歐陸式體系的法律，非常精密，警隊由於是用軍事化的管理，更見規章。但澳葡政府似乎比在港的英國人對殖民地更加「自由放任」，對充分落實所有嚴謹規章的決心不足，把警政制度移植到細小的澳門時，出現很多執行上的問題。香港政府一直沒有強迫市民學習英語，但卻在不同的社會細節上，微妙地提升能操英語人士的社經地位。澳葡亦沒有強迫本地華人學習葡語，但六十年代前，政府基本上和本地華人關係疏離，多數法律沒有中文譯本，令華人更傾向尋找「官紳」一類地方上流人士排解紛爭。

另一方面，自二戰後的國共內戰期間開始，因為葡萄牙仍然和原來

的國民政府有正式邦交關係 ³，澳葡原來在國共之爭的問題上，也力求中立，讓兩黨勢力在澳門共存。1966 年「一二‧三事件」後，澳葡可說是「全面投降」，顯得管治意志喪失。到了 1974 年的葡國十月革命，葡萄牙左派政府上台，葡萄牙放棄澳門和結束殖民管治的意願更為明顯，澳門在這期間基本上由親北京的左派團體主導政治生活。

可以說，發生在六十年代中的兩場暴動，成為港澳發展分道揚鑣的里程碑。港英在事後推出政策試圖拉近官民之間的距離，警隊成為主要整肅對象，反而使香港警隊逐漸建立了廉潔、高效和專業的形象。澳門則在「一二‧三事件」和葡國革命後，改革緩慢，也致令警政建設滯後，直接導致社會治安不濟，警民信任度長期偏低，拖低市民對政府的認受。

後殖民時期的港澳警政：
「期望差距」與「志切改變」

二十世紀八十年代，中國與英國及葡國先後締造的協議（中英及中葡聯合聲明），訂下收回兩個殖民地的時間。在這個「非殖化」的過程中，兩國政府及兩地民眾，怎樣看待其殖民時代所遺下的制度及文化，亦左右兩地「後殖民」特區年代的警政制度發展。

香港警隊：專業、政治中立與「五十年不變」

香港警察體制在回歸前後並無大幅改變，可是，近年開始有人提出「警隊形象改變很大」的評價，追本溯源，其實和後殖民時代香港警隊需要面對的幾個深層問題有關。

3　中華人民共和國和葡萄牙在 1979 年建交，此前葡萄牙與台灣的中華民國政權維持邦交關係。

首先，警隊的角色與處理案件的性質有轉變。殖民地初期，有所謂「一體二元」的制度運作，即英殖警隊早期基本不理會華人福祉，亦不會招募華人當差，更容許華人建立自己的「更練團」。其後一直到二十世紀六七十年代前，香港警隊的負面聲譽街知巷聞，香港警察一直都飽受貪腐及無能的指責，市民普遍不信任香港警察，出現某種程度上的「華洋分治」；基層市民遇事，傾向依靠社會關係及個人關係解決問題，無形中形成市民與警察之間明確的分隔。八九十年代初，「皇家香港警察」處理的多是嚴重街頭罪案，如當年的「省港旗兵」、標參、勒索等，一般市民不會犯這類型案件，但這類案件嚴重威脅了市民的性命財產。因而，當警隊執法處理這類案件時，開始給予市民信心，形象得以改善，變得正面。至九十年代，警隊的目標更改為以服務為本、維持社會穩定；運作透明度增加，警員質素提升，警隊常常快速逮捕持械行劫的匪徒，公眾當然容易覺得警隊專業，警隊逐漸得到公眾信任。簡而言之，1997 年前，警隊處理的罪案主要是影響社會治安的街頭罪案、集團式犯案，甚至是中港跨境罪案。回歸以後，社會矛盾和公民意識覺醒，導致更多公民抗爭，由於衝突大多是因為市民對法律條文、對香港甚或中央政府的質疑，警隊需要在抗爭、示威和遊行的前方執法，甚至要在有暴力衝突的街頭抗爭中「專業」壓止亂象，這對部分在政治上支持抗議的市民來說，當然很容易動搖他們對警方的信賴。所以，已發展成高度專業化的警隊，在第二個十年的特區，縱然沒有甚麼架構上的大改變，卻經常面對部分民眾質疑，市民將對特區政府及北京政府施政的不滿，投射到香港警隊上，這也解釋了為何市民對香港警察的民意支持度，會在 2005 年達到歷史高峰後不斷下滑。

其次，回歸後警隊的「政治中立」原則受到巨大的挑戰，坊間對警隊的一個重大質疑是他們不再「中立」，因為香港警察一直強調其「政治中立」的角色。這種「政治中立」其實是個迷思，它的內容其實並沒有備受警隊、政權以至社會認真的對待與討論。究竟甚麼是「中立」，舊日的「中立」和今日的「中立」可有不同的意思？官方、社會以及學術角度都有過不少的詮釋，但以情緒上的宣洩居多，認真的文本分析、

深入討論卻鳳毛麟角。而且這個挑戰從來沒有從制度層面及公眾的認知層面去處理。

香港公務員制度經常強調「政治中立」，作為公務員一分子的警員，自然也會強調政治中立，但這個政治中立原則可能更多的來自二次大戰後兩岸分治的地緣政治因素。殖民地時代的警務人員，理論上是效忠英女皇的公職人員 (Crown Agents)，他們需要宣誓保障英國人在港的利益。1956 年的一次暴動後，英國不想香港再次出現左（共產黨）右（國民黨）派衝突，更因英國是首個承認中華人民共和國的西方國家，為免尷尬及維護殖民地利益，英國要求香港公務員政治中立，既不親京，也不親台，對警隊以此理解為基礎的政治中立要求就更為嚴格。當時若要成為警員，須有親友或店舖擔保；成為更高級的「幫辦」，更需社會賢達或太平紳士擔保。

而且，從五十年代開始，在國際冷戰格局的地緣政治下，香港警隊還扮演着一些英國駐軍不方便擔當的角色，在有需要的時候出動。站在內部保安的前線，所有入職的警務人員都要接受「品格審查」(Vetting Exercise)，這個「品格審查」，跟個人品德未必有直接的關係。相反，入職人員的政治聯繫，和不同社會組織的關係，甚至他們就讀的學校、朋友的網絡，其實才是審查人員最主要的審查目標。所以在殖民地的年代，不會有跟中國大陸或台灣政府有明顯聯繫的申請者成功入職警隊；即使有，也有個案是事業如日中天的警官需要根據警隊條例被勒令立即離職，甚至驅逐出境。事實上，當年的所有警務人員，未經批准都不能擅自到訪中國大陸或台灣，甚至連前往澳門亦需要事先申請。這些規定成為約束警務人員的主要手段。

如果從學理而言，「政治中立」指的是不偏向任何一個政黨，是獨立的不偏不倚。在西方，「政治中立」就是不偏不倚；在中國大陸，「政治中立」的意思則是認同共產黨；在香港，在當時的政治中立很多時會被簡化地解讀為「不親台灣」和「不親大陸」。「政治中立」定義不清，欠缺討論，引發更多複雜問題。

例如，香港警察被要求「政治中立」始於英國殖民地政府，定義是

「不親『藍』、不親『紅』」，即當時的警察不能與國民黨（藍）或共產黨（紅）有政治聯繫。不過，若支持的是英國「保守黨」或「工黨」呢？這個問題卻沒有甚麼處理和討論。這與學理上的「政治中立」有異，但殖民地政府及公務員大多是以此為基礎，馬馬虎虎地理解「政治中立」。

這種香港情景下的「政治中立」，由於當時香港沒有民主選舉，亦較少本土政治，對英國政治似乎也處於一種無法干預的狀況，於是中立針對的長期都是國共兩個政黨。八十年代起，香港推行代議政制，引入直接選舉區議員，才出現關於政治中立的罕有本土論述。政府說明公務員不能參選，亦不可以公務員團體的名義助選，這算是一個間接定義本土「政治中立」的官方論述。不過，公務員可以怎樣行使自己的公民權利？能否以個人的名義，支持某些候選人？這些再進一步的問題，似乎未有詳細討論。到了 1995 年，香港出現了首位提早退休離開公務員隊伍而參選立法局選舉的前政務官，她亦成功當選。

如果對照外地有關公務員制度的文獻論述，通常引用的原則，都是在選舉政治裏公務員應當「不偏不倚」，不能公開支持某個政黨的候選人，仕途亦不會因執政黨的更迭而受到影響。殖民地體制下的香港，沒有真正的民主，沒有經選舉獲得執政機會的政客，而選舉亦只是區議會及市政局層面的地區諮詢機構，立法局從來沒有超過一半議員由直選產生，遑論有執政黨。這個沒有「政黨輪替」框架下所引申出的「政治中立」，其實跟一般在政治學教科書內所描述的「政治中立」南轅北轍。至於警務人員怎樣維持「中立」，比較籠統的理解，就是不偏袒任何一方參與選舉的人員。

這個「不親台灣」，「不親大陸」，也不偏袒任何一方參與選舉的人員的原則，在九七回歸後，究竟是否適用？回歸後，中國共產黨是中國的執政黨，在「一國兩制」下，候選人的政綱是否有親北京政府的取態，怎樣理解「一國兩制」，怎樣落實香港《基本法》，怎樣處理香港特區與中央政府的關係，其實是各大政黨及候選人的最大分野。可是，作為公職人員，要效忠特區政府，支持中央政府在港的政策，但又要名義上保持「中立」，這其實是一個矛盾的要求。因為，北京對於香港回

歸的方略與政策大方向為「平穩過渡」、「不變」，這種「不變」，若沿用上述的服務對象邏輯，即維護當政者的利益，簡單來說就是大體不變，改變的只是由英國轉為中國北京政權。從這個歷史的視角檢視，配合由上而下的特質，警隊效忠的對象並非單純是一般市民，而是當政者。

所以，香港有關「政治中立」的爭議，其實包含不同人在不同時空的一些不同的想像，在未有具體事件打破這個沒有共識的「和稀泥」的平衡前，一直都在模糊的狀態下，風平浪靜。這些「中立」的想像，其實都是通過個人的體驗、政府的宣傳，以及市民主觀地加以想像的結果。政府亦採取模糊化的策略，冷卻這個議題，從沒有試圖深入討論。踏入千禧年後開始的普選爭議，有關示威遊行的執法爭議，牽涉警方的行動時，人們怎樣看待、警察們怎樣看待自己的定位，便逐漸發展成為一個非常敏感的議題。

除了對於「政治中立」的立場理解模糊外，警隊的問責機制亦同樣存有模糊地帶。殖民地年代的警務處長是直接向港督負責，英國政府對他的任命有決定權，但那時沒有清楚列明警務處長與保安司是上下從屬關係。1997 年以後，警務處長（CP）的角色不太清晰。警務處長是公務員，是特區廿多個主要官員之一，由行政長官向中央政府提議，國務院任命，是保安局局長下屬；而 2002 年後保安局局長則是政治任命官員。當保安局局長與警務處長的科層架構（Line of Command）不同，法例上又沒有清晰釐訂，若只是維持日常運作，蕭規曹隨是可以的。但今天香港面對嚴峻的政治問題，需要問責時，那作為公務員的警務處長是否可以不用負責？抑或需要保安局局長，還是更高層的政治領袖負責？

這一系列問題，都牽涉到另一個更根本的問題：「一國兩制」及五十年不變，對香港警隊來說應該要如何應對？雖然香港警隊很少依靠市民的支持而得到認受性的權力，他／她們被視為「殖民地政府的代理」（Agent of the Colonial Government）；他／她們效忠的對象是英女皇而非香港市民，可是，港英政府很早便着手處理人員本地化和法律

本地化的問題，例如將用英文撰寫的香港法律漸漸翻譯成中文，在正式審訊中使用中文等。縱使英文仍然作為大部分警務工作的工作語言，警隊亦有為數不少的英籍警官，但日常的警務運作，中文以及廣東話已被接受成為其中一個主要的媒介。警方的宣傳物品亦大多是雙語的。七十年代末，警方推出一系列社區警政措施後，市民對香港警察的印象日漸改觀。九十年代中期開始警隊不再聘請外籍人士為督察，並逐漸培養華人，強調服務社群，這亦是現時經常強調的、現職警察大致認同的工作綱領。但最大的問題是，即使作出以上改變，香港警隊因歷史治襲下來的本質有否改變？隨着回歸中國，香港不再 —— 也不應是一個殖民管轄地區，警隊該如何定位？回歸前後，北京最希望的是 1997 年「平穩過渡」與「五十年不變」，所以警隊的「舊制度」亦搬至「新架構」裏。可是，這種轉變究竟意味着甚麼？如目標已經轉變，舊的系統是否能符合條件去處理新制？這些亦值得深思與討論。

回歸後，香港特別行政區不再是一個殖民政府，大眾自然會對認受性（Legitimacy）、問責（Accountability）及透明度（Transparency）三方面更有要求，這不是依循舊日殖民地警政模式就能應付。如果警隊仍然保守封閉，並不重視市民對警隊的觀感，大眾不能接受是可以理解的。在一個無爭論的情況下，繼續使用舊制度來管轄市民，當中的核心是，香港社會對北京對港政策的變化所知有限，這相信也是大眾最為憂心的重點。更實際的問題是，香港在「一國兩制」下還會有多久的光景？將來的「香港特別行政區」將會是怎樣？這個問題應該要認真討論。

後殖民年代香港警隊的新定位

歐美有關市民對警隊支持度的研究，一直傾向強調「程序公義」對市民信任警察的重要性。而有關「程序公義」的研究，通常強調程序的「公平性」、「透明性」、「執法一致性」對警隊形象的影響。警方要禮貌對待市民，尊重人權，警務工作要有足夠的透明度，通過合法程序，贏取市民對警隊的支持。這個歐美社會背景的假設，運用於理解香港警

政，可會出現一個極大的疑問。香港的警隊，根據殖民地警隊的模式建立，一直強調的是「半軍事化」，具有迅速動員的防暴力量，以維持社會治安為主要目的。與市民同步的理念及引入民意代表參與管理決策等「民主警政」（Democratic Policing）作法，其實一直以來都不是香港的警政理念。

香港的警務議題，一直以來強調的都是維護內部穩定和邊界管理，而並非防止罪案及服務社會，這個和歐美警政的模式大有分別。香港警隊一直以來與民眾分離，外籍警官及從外地引入的警員，輔以本地華人基層警員，共同管理香港社會。二次大戰前，香港市民一般都不欲與警察為伍，普遍對警隊不信任。但同一時間，他們對這個警隊的架構亦不太關心。他們不會主動接觸警察，普遍視警察為異族政權的代表，有「好仔唔當差」的諺語，這個和市民的「難民心態」大有關係。在這「借來的時間，借來的空間，借來的地方」，香港市民對本地的政治漠不關心，英國政府政亦容許華人社區設置自己的自發性保安組織「更練團」。殖民地警政理念，以警務問題為本，與民眾接觸有限。

究竟甚麼原因可以使香港警隊從七十年代起，逐漸爭取到市民的認同？英國學者有關「程序公義」的解釋，似乎未能提供滿意的答案。到了九十年代，最後一任總督彭定康推出「服務為本」的公共行政改革，警隊作為公營部門的一員，當然亦受影響。但是這些改革，並非我們所理解的有關「警政民主化」的那一些作法，反而更加類近「商界營銷」策略，通過「多快好省」，強調「成本效益」，「滿足顧客」，令市民對警隊的感覺正面。這成功令市民對警隊專業程度比較滿意，亦可以理解為香港一直以來由社會精英和中產階級專業人士當道的社會架構。他們崇尚的「專業」，除了程序理性之外，就是這些「多快好省」，「強調結果」。

一直以來，在這「各取所需」的香港社會，儘管殖民警隊不是以民為本，警隊及政府亦保留了很大的權力，隨時控制社會，但其在七十年代一連串改革推出後，仍然能逐漸成功爭取到市民對警隊的認同。當然，這亦不能忽略中國大陸的因素。英國學者的文獻裏，經常強調「程序公義」的重要性，這個亦帶出了另外一個意思，就是缺乏「程序公義」

的警隊、「貪污」的警隊、「不透明」的警政，會令市民對其反感。香港警隊一直缺乏這方面的「程序公義」，雖然有所謂《警察通例》的設置，但從未在民主的管治下，這方面基本上沒有保證，亦沒有制約。但有趣的是，警方備而不用的權力，在他成功地撲滅罪案，加強宣傳，建構了一個相對廉潔及推出龐大公關的形象工程後，竟然能獲得市民的支持。這很可能和香港政府縱使在政制上被某些人認為缺乏認受性，但旅港的香港居民，對內地政權抱持較大的懷疑態度有關。作為難民，他們到了香港後，總愛比較香港、內地甚至台灣政府的管理，對可以獲得暫時的安逸，大多表示非常滿意。

香港警隊仍然專業，但市民對其想像與期望的改變，加上新的業務性質，令其自八九十年代與市民同步的特質漸次消失，走入困境。反觀澳門警隊，一直以來不得一般市民的充分信任，與社會疏離，但回歸後，投入的資源增加和領導改革的決心，令其在市民心目中形象從谷底反彈。這個經歷的對比，其實亦是回應了警政學者 Peter Manning 的論述：「警察在市民心目中的形象，其實好像一場戲劇，是塑造、感覺及幻想的。」**4**

香港警政，尤其是特區時代警政的變化，基本上可以用四個字概括大部分的爭議，就是「舊瓶新酒」所帶出的困局。自八十年代，中英簽署聯合聲明，確定九七香港回歸中國，踏入十二年的「過渡期」後，無論是北京、倫敦政府，以至香港本地的居民，都傾向同意「平穩過渡」的重要性，「不變」成為了兩國政府及普羅市民共同一致追求的所謂目標。有趣的是，兩國政府在六四事件及九十年代因政改方案出現爭拗之前，都一直強調香港當時制度的優越性。這麼「優越」的制度，在殖民地年代的香港取得成功，但為甚麼在新的「一國兩制」格局下，卻經常就其制度的執行及理念發生爭拗？其實，這和香港「去殖」後，對

4　Manning Peter, *Democratic Policing in a Changing World* (NewYork: Routledge, 2010).

在「一國兩制」中央與香港關係的想像有異，有莫大的關係。而隨着中央對香港管治手法的改變，不同階層、背景的香港市民對對「一國兩制」、對「港人治港、高度自治」、對「五十年不變」南轅北轍想法開始顯現。以往的社會穩定，經濟發展，不少學者均歸功於市民的「獅子山精神」，拼搏進取；有學者則歸功於制度的穩定，或是內地改革開放帶來的機遇。其實，從市民對公務員制度的看法，以至警隊表現在九七前後的差別，可說是「模糊政治藝術」的終結。在殖民地年代，殖民政府、民間以至北京官員，都對一些可能引起極大爭議的概念作「冷處理」，避免作深入的討論，通過迴避澄清概念，營造「大團結」的氣氛。甚麼是「政治中立」，甚麼是「高度自治」，甚麼是「港人治港」，甚麼是「問責」，一切概念，都給不同的持份者有無限想像的空間。到了北京強調「強勢主動」介入特區的管治後，開始湧現北京對這些概念的「正解」。這個改變，不只影響到政治層面的管治哲學，其實亦對公共行政系統帶來不少衝擊。

澳門警隊：本土、專業、持續改變

　　港澳警隊在回歸後處境最大的分別是，澳門警隊從來沒有像香港警隊一樣，陷入巨大的政治鬥爭漩渦。而且，有別於香港市民期盼在「一國兩制」下，按原有的政治制度平穩過渡，警察運作「專業」、「問責」及「中立」不變的訴求，後殖民時期的澳門居民，以至北京政府，都務實地要求澳門警隊的業務能力可以有所「改變」：在回歸中國之前的倒數十年，澳門社會治安事故頻生，街頭搶劫，甚至兇殺案、爆炸案，經常發生。不斷出現的流血事件，令市民普遍對警政機關失去信心。所以，回歸中國對當時的澳門人來說是一個契機，市民期望可以重整保安隊伍，警隊有能力有效管理社會的秩序。另外，回歸前夕的警隊，本地領導少，中文使用仍不普遍，整個刑事司法系統嚴重滯後，與民疏離。新成立的特區政府，推出改革試圖拉近政府與民眾之間的距離，警政架構在當時是經濟發展策略以外最重要的施政範疇。

　　自 1999 年澳門回歸開始，有關警隊的改革，幾乎都是針對回歸前澳門居民對警隊的長期批評而進行的。首先，針對司法警察和治安警察的雙部隊制度，特區政府是既繼承其特點也處理箇中的缺憾問題。回歸後，兩支警隊一同收歸保安司指揮，不再從屬於兩個不同的上級部門，其後又設立警察總局，進一步協調兩支警隊的行動。這個警隊架構上的重大轉變，大大緩減了兩支警隊各自為政的問題，起碼「司警與治安警不咬弦」，不再是報章的頭條新聞或街談巷議的焦點。

　　其次，警隊大幅增加人員薪酬以及提升入職條件，也是一個極大的轉變。回歸前，「司警與治安警不咬弦」，除了有「各為其主」的統領上級不一的問題外，還有治安警長期覺得自己被歧視。回歸後，特區政府在 2002 年和 2008 年分別提升治安警的入職學歷要求，先從小學肄業或畢業提升至初中畢業，其後再提升至高中畢業；也在提升入職要求的同時，提高治安警的起薪點至司警人員的起薪水平，最終統一了兩個警隊的入職要求和薪酬，進一步消除司警和治安警摩擦的誘因。更重要的是，提升入職要求的結果，令治安警的整體人員質素水平提升，也因為幾次薪酬調整後，警員的薪資在澳門變得非常有吸引力，今天入職的基礎職程警察月薪可以高達澳門幣三萬一千元，比澳門人的工資中位數高出五至六成，令警隊對人才更有吸引力。今天，澳門警隊已有過半數人員具有大學學歷，文化水平的提升除了為改善警隊業務能力提供保證以外，也改善了警隊的形象。回歸前澳門警隊常被戲稱為「有牌爛仔」，如今同樣的稱呼已經少有所聞。

　　再次，是警隊總體業務能力的提升。一如前述，回歸後澳門警隊在打擊街頭嚴重罪案有明顯的成效：綁票和打鬥等街頭嚴重罪案由回歸前的全年 47 宗到回歸後 2003 至 2009 年的 0 宗。雖然有人認為回歸後治安好轉是解放軍進駐澳門以及賭場地下利益獲不同力量「擺平」的結果，不過，從整體罪案數字的變化看，不可能完全沒有警方的功勞。更重要的是，從民調所顯示出的對警察的支持率，比澳葡時代升幅明顯，顯示市民對警隊的印象漸趨正面，這除了需要歸功於打擊罪案維持治安的成效以外，澳門警察的社區警務和公關警務工作，也應記一功。

回歸之後特區警務的一個重點是重塑警民關係，並逐漸由單向的加強宣傳擴展為以「主動警務」、「社區警務」和「公關警務」三種策略開展的警民關係。雖然澳門警隊和香港警隊一樣，在回歸後基本上沿襲了大多數殖民地警隊的特性，但警隊領導層全面本地化以及向澳門特別行政區負責的結果，是警隊首次去除了回歸前一直存在的和社會大眾的語言隔閡，警方領導層對社會輿論和居民認受性的重視程度大為提升。回歸前，警方雖然有透過每日記者會向傳媒發佈罪案資訊的傳統，但警隊高層罕有舉行記者會或接受傳媒訪問。回歸後這種情況日益改變，警方日漸增加向傳媒發佈行動的消息，還會到電台的「烽煙」時事直播節目回應公眾的提問，保安司甚至和公營的廣播電視台合作，製作特備節目向公眾介紹紀律部隊的種種。近年，整個保安司轄下的部門還非常善用社交網絡平台發佈訊息，司警和治安警甚至會在社交媒體帳號向公眾發佈自行製作的防罪視頻，而且公眾反應不俗。此外，警方也增加了不少讓公眾和警隊接觸的公關活動場合，還會特別針對家庭設計活動，令澳門的「警察日」和「消防日」等活動成為非常受歡迎的親子活動，開放日動輒需要排隊個多小時才能入場。

除了這些宣傳活動，警方還與社區建立更緊密更立體的網絡。警隊除了會拜訪澳門有影響力的社區組織建立恆常溝通關係，還會高調地與私人物業管理公司和民間社團合辦講座，在社區講解「冬防」，給人非常主動預防罪案的印象。司警的「滅罪小先鋒」和治安警的「治安警少年團」，讓青少年可以直接接觸警隊，參加活動，這種在殖民時代無法想像的近距離互動，大幅拉近了警民關係。2018 年澳門受超強颱風「山竹」吹襲，警察總局主導的民防協調機制，在颱風到臨前在街上派防災資訊宣傳單張，又到低窪地區逐家逐戶聯絡可能受災害影響的居民，勸喻及協助離開，這類事件在社交媒體廣為流傳，令整個保安系統民望大升，連帶挽回特區政府因為 2017 年颱風「天鴿」襲澳時失誤連連導致嚴重下滑的聲望，也加強了公眾對警務系統的信任。

與此同時，警隊也一直強化人員的培訓，加強與中國內地的警務機關合作，加快法律本地化，都旨在提高澳門警隊的專業能力，持續提升

警隊的形象。

這些改變取得了良好的成效。面對要求相對務實的市民，澳門警隊和香港警察「行家」相比，仍然可以逐漸贏得市民的認同。即使在同一時期，市民對澳門特區政府的管治成效質疑不斷，也曾間斷出現大規模議題帶動的示威，但回顧澳門的警政發展史，今天的澳門警隊，幾乎達至其聲譽的高峰。

不過，回歸以來澳門警隊的正面發展，並不代表未來沒有隱憂。首先，澳門警隊的形象大幅改善，但警員違法或違紀的個案還是存在，根據澳門警監會的 2017 年年報顯示，2016 至 17 年，警監會收到的投訴由 70 宗上升至 121 宗，增幅超過七成 [5]，雖然保安司轄下自行設立了「警鐘長鳴」的機制，主動公佈及跟進警員的違紀個案，但社會上要求警監會擴權以打擊違紀問題的聲音還是存在。其次，澳門的國際資金和流動人口不斷增加，澳門的疆界不斷擴展，經濟發展亦使其與鄰近的珠三角地區各城市的接觸增加，一如在第五章所述，這對警務工作的壓力一定會增加。雖然澳門警隊不斷擴充，但隨着各個新口岸的啟用，人員流動的增長，新類型的經濟活動的出現，這對澳門警隊執法及業務能力構成很大挑戰。而且，雖然澳門警隊沒有像香港警隊一樣受政治爭端波及，澳門本土政治對警隊工作的潛在衝擊也少得多，澳門社會長期傾向認同共產黨領導的中國政權，民間也極少以「政治中立」一類概念質疑警方的工作，可是，經濟發展不均衡帶來的社會矛盾，使民眾對抗爭行為的接受程度日益提高，警方在提高警務能力的同時需要修法擴大權力，這些，都是潛在的影響公眾對警隊觀感的因素。澳門的抗議活動比回歸前頻繁，警方需要和並非罪犯的示威者對抗的機會增加，擔心警方權力無制約擴大的聲音開始出現，這些都是今後澳門警政議題亟需關注的重點。

5　　澳門警監會網頁：http://www.cfd.gov.mo/current/news_all.aspx?data_category=2

附表 6.1：港澳警隊組織理念、招募訓練及警民關係比較

	香港警察	澳門警察
組織理念及特色	・殖民地警隊 ・中央集權，多種族部隊 ・「愛爾蘭警政模式」創建 ・以維護英人在港利益為目標	・殖民地警隊 ・葡國軍隊模式建立 ・葡國刑事司法模式：日常巡查與刑事調查兩個系統
人員管理及編制	・半軍化事編制及管理 ・警察通例約束行為 ・崗位輪換，定時調任 ・軍裝及便衣人員統一由警區管理 ・三年試用期後實任 ・長俸（1999 後轉為強積金） ・退休年齡為 55 歲（最近轉為 60） ・警務人員有獨立於其他公務員的薪級表，被視為「特別紀律部隊」	・治安警：軍事化管理 ・6694 紀律人員通則約束行為 ・治安警：軍事人員背景 ・司警：法律專業背景 ・人員數目不多，2016 治安警警民比例偏高 ・任職滿指定的年期可以申請退休，並非法定年齡 ・薪酬以薪級點計算，薪級點的制訂和其他公務員一致
招募及訓練	・員佐級及督察級 ・中學程度及大學畢業 ・需要接受「品格審查」，早期華籍督察投考者需要太平紳士擔保 ・六個月及九個月的在職帶薪訓練 ・全部人員都需要接受機動部隊的防暴訓練 ・八十年代初開始，推行「本地化」，保送華籍警官到英國與其他英聯邦地區受訓 ・推行英國、香港警司互調計劃 ・1995 年起，停止在英聯邦地區招聘見習督察	・分基礎職程及高級職程 ・中學程度，受訓年半成為警員 ・入讀保安高等學校，四年制的學位課程，畢業後會被任命為副警司 ・新入職的司警技術員，會接受司警局專門的訓練 ・特警隊人員會接受專門防暴的訓練 ・本地化進程緩慢，葡籍長官直至九十年代中，仍然擔當重要職位 ・亦有前葡籍軍官到澳任職 ・保安高校 1990 年才建立

(續上表)

	香港警察	澳門警察
回歸前警民關係特色	・警民關係疏離（六十年代以前） ・設立反貪污 ICAC，加強社區警政措施 ・強化警民溝通（警察公共關係科 ・電視電影節目（繩之於法、警訊） ・創辦少年警訊及地區撲滅罪行委員會等等（七十年代後） ・服務為本，新公共管理（九十年代後）	・警民關係疏離，互不信任 ・葡語為工作語言，上下級疏離，警民溝通不足 ・市民及外界多不理解兩支警隊並存的原因及他們的分工 ・警隊的公關宣傳不足
回歸後有關警務工作的爭議	・社會運動的興起 ・業務的增加及改變 ・跨境罪案及執法 ・「不再政治中立」：被質疑選擇性執法及檢控 ・公務員改革帶來的爭議	・處理示威遊行 ・黑工猖獗及跨境犯案 ・要求問責及透明
回歸後改革的措施	・進一步加強「專業化」，新的專職部門如談判小組、高空搜查隊、速龍小隊、反恐小組等 ・進一步加強與市民溝通，新推出互聯網的社區警政：警隊 facebook，youtube channel ・改革少年警訊，轉為「半制服團體」 ・改革輔警，招募在學大學生，建立鄉村巡邏隊	・設立警察總局，協調兩支警隊的運作 ・大幅加薪，並統一兩支警隊基礎職程人員的入職薪酬，提高入職者的學歷要求 ・加強與內地警務機關的交流 ・強化社區警政的措施，改善警民關係

後記

　　本書準備出版之際,正值澳門回歸二十周年誌慶,而在彼岸的香港,業已歷時半年的風潮仍未平息,社會紛亂。世人除了聚焦香港的局勢外,亦紛紛提出一個看似簡單的問題:「為何在這二十年間,港澳兩個特區,社會及經濟發展的方向竟會完全相反?」香港英式創建的軟硬件,從為國內外所稱頌,到了當前矛盾叢生及社會對立;而澳門則從世紀末葡人撤出前的經濟凋敝及社會不安,令人驚訝地發展為世界上本地生產總值最高的地區。這陣子甚至有人認為,澳門的發展,顯示其制度的優越性,早晚會取代香港國際金融中心的地位。究竟我們應該怎樣理解這個「黃金交叉」的蛻變?

　　我們都是社會科學學者,教研工作都離不開歷史及制度的發展,因此當然關注年來兩地制度及社會議題的討論。已故的著名中國近代史學者、史丹福大學的陳明銶教授,建議我們一定要從殖民管治理念及地緣政治,了解香港及澳門的蛻變。他一直認為「省港澳」地區在中國近代史中佔重要角色,而港澳兩個殖民地,在歐人西式的管治下,在制度、公民社會、社會民情等各方面都有極大的差異。吊詭的卻是交往頻繁的港澳居民,對這些狀況都只是一知半解,甚至輕視。他深信日後這個局面將會在兩地先後回歸中國後徹底改變。當年他寄語並鼓勵我們,編纂一本入門參考書,給普羅讀者更深入了解港澳社會制度上的「同」與「不同」。

2012 年我們參與了由陳明銶教授籌辦，於加拿大多倫多大學舉行的「澳門回歸十五周年研討會」。在他的穿針引線下，我們決定開展這個「港澳歷史及制度」比較的研究計劃，而切入點則從兩地警政制度特色及演變開始。轉眼七年間，我們出版了一些中英文的學術文章、專書章節，也覺得是時候將我們的研究分析，用大眾化的語言，與普羅讀者分享。這冊《國境邊陲的治安與秩序：港澳警政比較》得以出版，當然要歸功於陳教授當年的遠見及倡議。教授一生致力華南尤其是港澳的著述，我們相信，他如得悉這書的出版，在天之靈應當會感到安慰。另外，當然要感謝港澳行內外朋友的支持與鼓勵。除了受訪者外，亦不能遺漏我們的研究助理藍卓賢先生。區區的十萬字說多不多，但從構思、選材到完稿，共歷四年，卓賢一直參與整理、核實及分析資料，並協助跟進出版的事宜。還要特別感謝何明新先生及史丹頓先生（Ian Stenton）借出香港部分的照片，以及澳門特區政府新聞局借出澳門部分的相片。

　　本書集中介紹兩地警政制度的特點及歷史發展，與其他中英文學術著作比較，篇幅不算太長。我們的初稿在 2017 年完成，內容所涵括的資料，大致以港澳兩地殖民地年代及回歸後的十五年為限。近年兩地都有不同的社會爭議，當然亦涉及警政，兩地的警務議題備受關注。讀者可能會期望我們的論述，可以全面及深入探討當前警務相關的爭議。作為比較研究的起點，讀者對本書的期盼，正是我們繼續努力的動力所在。我們希望這裏對港澳警政的初探，可以拋磚引玉，令國人以至各地操華語的亞洲讀者，更理解香港及澳門這兩個國境邊陲的前殖民地區。

2019 年 12 月

參考文獻

香港章節

"Police", Hong Kong Directive, Hong Kong, 1945, HKRS 211, D&S no. 2/4.

Burns, J. *Government Capacity and the Hong Kong Civil Service*. Hong Kong: Oxford University Press, 2004.

Calderwood, A. *In Service of the Community, 1949-1974, Silver Jubilee of the Women Police in Hong Kong.* Hong Kong: Government Printer, 1974.

Cooper, J. *Colony in Conflict: The Hong Kong Disturbances May 1967-January 1968*. Hong Kong: Swindon Book Company, 1970.

Crisswell, C. & Watson, M. *The Royal Hong Kong Police (1941-1945).* Hong Kong: Macmillan, 1982.

Emmett, C. *Hong Kong Policeman: Law, Life and Death on the Streets of Hong Kong: An English Police Inspector Tells it as it was*. Hong Kong: Earnshaw Books, 2014.

Endacott, G. B. *A History of Hong Kong.* London: Oxford University Press, 1964.

Endacott, G. B. *Hong Kong Eclipse*. Hong Kong: Oxford University Press, 1978.

Ho, Lawrence Ka-ki & Chu, YC. *Policing Hong Kong, 1842-1969:Insider's Stories*. Hong Kong : City University of Hong Kong Press, 2012.

Ho, P. Y. *The Administrative History of the Hong Kong Government Agencies, 1841-2002.* Hong Kong: Hong Kong University Press, 2004, pp.68.

Hong Kong Government. "Report of the Inspector General of Police". In Appendix K. *Hong Kong Administrative Report 1930*. Hong Kong: Government Printer, 1931.

Hong Kong Government. "Report of the Inspector General of Police". In Appendix K. *Hong Kong Administrative Reports 1931*. Hong Kong: Government Printer, 1932.

Hong Kong Government. "Report of the Commissioner of Police". *Hong Kong Administration Report*. Hong Kong: Government Printer, 1937-1940.

Hong Kong Government. *Annual Report on Hong Kong Police Force 1946/47*. Hong Kong: Government Printer.

Hong Kong Government. *Hong Kong Statistics*. Hong Kong: Government Printer, 1947-1967, various years.

Hong Kong Government. *Annual Departmental Report by the Commissioner of Police, 1947/48-1976/77*. Hong Kong: Government Printer.

Hong Kong Government. *The Guardians of the People*. (In Chinese). Hong Kong: Government Printer, 1967.

Hong Kong Government. *Annual Departmental Report of the Treasury Department, 1977/78-1979/80*. Hong Kong: Government Printer.

Hong Kong Government. *Hong Kong Police Review*. Hong Kong: Government Printer, 1997-2007, various years.

Hong Kong Government. *Royal Hong Kong Police Review*. Hong Kong: Government Printer, various years.

Hong Kong Governor. *Report on the Riots in Kowloon and Tsuen Wan, October 10th to 12th, 1956, Together with Covering Dispatch Dates the 23rd December, 1956, from the Governor of Hong Kong to the Secretary of State for the Colonies*. Hong Kong: Government Printer, 1956.

Hong Kong Police. *Annual Departmental Report, 1967*. Hong Kong: Government Printer, 1968.

Hong Kong Police Force. *Hong Kong Police Museum* . Hong Kong: Hong Kong Police Force, 2008.

Jones C. & Vagg, J. *Criminal Justice in Hong Kong*. London: Routledge-Cavendish, 2007, pp.45-97.

King, M. "Policing and Public Order Issues in Canada: Trends for Change". *Policing and Society*, 8:47-46(1997).

Lee, C.H.N. *Society and Policing in Hong Kong: A Study of the 1956 Riot*. (Unpublished Thesis). Hong Kong: The University of Hong Kong, 1995.

Miners, N. *The Government and Politics of Hong Kong*. Hong Kong: Oxford University Press, 1991.

Secretary for Chinese Affairs. "Report of the Secretary for Chinese Affairs". In Appendix C. *Hong Kong Administrative Report 1929*. Hong Kong: Government Printer, 1930.

Sinclair, G. *At the End of the Line: Colonial Policing and the Imperial Endgame 1945–80.* Manchester: Manchester University Press, 2006, pp.27.

Sinclair, K. *Royal Hong Kong Police: 150th Anniversary Commemorative Publication, 1844-1994.* Hong Kong: Police Public Relations Branch, Royal Hong Kong Police Force, 1994.

Sinclair, K. & Ng, K. C. *Asia's Finest Marches on Policing Hong Kong from 1841 into the 21st Century: An Illustrated Account of the Hong Kong Police.* Hong Kong: Kevin Sinclair Associate Ltd, 1997.

Tsang, Steve. *A Modern History of Hong Kong.* Hong Kong: Hong Kong University Press, 2004.

Vaid K. *The Overseas Indian Community in Hong Kong.* Hong Kong: Centre of Asian Studies, University of Hong Kong, 1972.

Waldron, S.E. *Fire on the Rim: A Study in Contradictions in Left-wing Political Mobilization in Hong Kong, 1967.* (Unpublished Ph.D. Thesis in Syracuse University). Ann Arbor: University Microfilms International, 1976.

Wong, K.C. *Policing in Hong Kong: History and Reform.* Florida: CRC Press, 2015.

立法會秘書處資料研究組：〈罪案與電話騙案〉文件編號 ISSH13/17-18，香港特別行政區立法會網頁，檢自 https://www.legco.gov.hk/research-publications/chinese/1718issh13-crime-and-telephone-deception-20180227-c.pdf。

成報：〈總結香港刑事案 30 年變化 鍾兆揚退休說變遷 罪案挑戰走網絡〉，《成報》網頁版，2017 年 12 月 27 日，檢自 http://www.singpao.com.hk/index.php?fi=news1&lang=1&id=56498。

吳志華：《香港警察制度的建立和早期發展》。香港中文大學博士論文，1999，頁 161-174。

吳志強：《香港警察》。廣州：廣東人民出版社，1996。

何家騏：〈香港早期華籍督察〉，《香港警務督察協會五十周年紀念特刊》。香港：香港警務處，2008。

何家騏：〈從五個歷史小問題，看警務督察的制度及發展特色〉，《香港警務督察協會六十周年紀念特刊》。香港：香港警務處，2018，頁 70-75。

何家騏、朱耀光：《香港警察：歷史見證與執法生涯》。香港：三聯書店，2011。

官方捍衛者：《飛虎傳奇三十年 1974-2004》。香港：雲城出版社，2004。

政府新聞公報：〈保安局局長談罪案情況〉，香港政府一站通網頁，2015 年 11 月 27 日，檢自 https://www.info.gov.hk/gia/general/201511/27/P201511270901.htm。

星島日報：〈中港聯手瓦解跨境電騙集團　共拘 11 人涉款 194 萬〉，星島日報網頁版，2017 年 5 月 19 日，檢自 https://www.singtaousa.com/sf/19-%E5%8D%B3%E6%99%82%E6%B8%AF%E8%81%9E/121386-%E4%B8%AD%E6%B8%AF%E8%81%AF%E6%89%8B%E7%93%A6%E8%A7%A3%E8%B7%A8%E5%A2%83%E9%9B%BB%E9%A8%99%E9%9B%86%E5%9C%98%E3%80%80%E5%85%B1%E6%8B%98%E6%8D%9511%E4%BA%BA/?fromG=1。

香港扶貧委員會：〈區訪─天水圍〉文件第 8/2005 號，香港扶貧委員會官方網頁，2005，檢自 https://www.povertyrelief.gov.hk/archive/2007/cn/pdf/Paper8_2005.pdf。

香港政府統計處：〈香港統計月刊專題文章 ── 2000 年至 2016 年香港居民使用資訊科技及互聯網的情況〉，香港政府統計處官方網頁，2017，檢自 https://www.statistics.gov.hk/pub/B71711FB2017XXXXB0100.pdf。

香港政府統計處：《2016 年香港貧窮情況報告》，香港政府統計處官方網頁，2017，檢自 https://www.statistics.gov.hk/pub/B9XX0005C2016AN16C0100.pdf。

香港警務處：〈整體罪案率維持低水平〉，《警聲》，第 696 期（2001），檢自 https://www.police.gov.hk/offbeat/696/011_c.htm。

香港警務處：〈處長回顧治安情況 ── 二零零三年保持平穩〉，《警聲》，第 768 期（2004），檢自 https://www.police.gov.hk/offbeat/768/chi/。

香港警務處：《警聲》，第 770 期（2004）。

香港警務處：《香港警察年報 2006》。香港：香港特別行政區香港警務處，檢自 https://www.police.gov.hk/info/review/2006/chineseBig5/vmv/01.htm。

香港警務處：《香港警察年報 2008》。香港：香港特別行政區香港警務處，檢自 https://www.police.gov.hk/info/review/2006/chineseBig5/vmv/01.htm。

香港警務處：《香港警察年報 2010》。香港：香港特別行政區香港警務處，頁 24-26。

香港警務處：〈二零一一年整體治安情況保平穩〉，《警聲》，第 960 期（2012），檢自 https://www.police.gov.hk/offbeat/960/chi/。

香港警務處：〈警隊宣傳刊物列表及背景資料〉，香港警察官方網頁，檢自 https://www.police.gov.hk/ppp_tc/03_police_message/vp_gallery/album_cp.html，瀏覽日期：2018。

香港警務處：〈罪案統計：罪案數字比較〉，香港警察官方網頁，檢自 https://www.police.gov.hk/ppp_tc/09_statistics/index.html，瀏覽日期：2018。

通訊事務管理局辦公室：〈在「來電號碼顯示」中加入「+」號以助識別源自香港境外的可疑電話騙案〉，香港特別行政區政府通訊事務管理局辦公室官方網頁，2016，檢自 https://www.ofca.gov.hk/tc/consumer_focus/education_corner/alerts/general_mobile/telephone_scams/index.html。

張家偉：《香港「六七暴動」內情》。香港：太平洋世紀出版社，2000。

電子版香港法例：《第 201 章：防止賄賂條例》，檢自 https://www.elegislation.gov.hk/hk/cap201!zh-Hant-HK，瀏覽日期：2018。

鄭寶鴻：《香江冷月：香港的日治時代》。香港：香港大學美術博物館，2006。

葉健民：《靜默革命：香港廉政百年共業》。香港：中華書局，2014。

葉德偉：《香港淪陷史》。香港：廣角鏡出版社，1984。

黎芷欣:〈網上情緣騙案較去年同期增兩倍半　上半年接 272 宗〉,香港電台新聞網,2018 年 8 月 13 日,檢自:http://news.rthk.hk/rthk/ch/component/k2/1412009-20180813.htm。

謝永光:《三年零八個月的苦難》。香港:香港三聯書店,1994。

關禮雄:《日佔時期的香港》。香港:香港三聯書店,1993。

蘋果日報:〈尼日尼亞破欺詐電郵拉人起贓 香港首宗被騙三億母女領回 3500 萬〉,《蘋果日報》網頁版,2005 年 10 月 4 日,檢自 https://hk.news.appledaily.com/local/daily/article/20051004/5280015。

蘋果日報:〈天水圍滅門慘案發生十年,家暴仍不絕,血的教訓,未反思〉,《蘋果日報》網頁版,2014 年 4 月 5 日,檢自 https://hk.news.appledaily.com/local/daily/article/20140405/18679972。

蘋果日報:〈警方被斥家暴案瞞數〉,《蘋果日報》網頁版,2014 年 4 月 7 日,檢自 https://hk.news.appledaily.com/local/daily/article/20140407/18681667。

蘋果日報:〈街頭騙案不絕　長者受害〉,《蘋果日報》網頁版,2017 年 5 月 29 日,檢自 https://hk.news.appledaily.com/local/daily/article/20170529/20036759。

蘋果日報:〈回歸百科【省港旗兵】〉,《蘋果日報》網頁版,2017 年 5 月 31 日,檢自 https://hk.news.appledaily.com/local/daily/article/20170531/20038914。

警察學院:《香港警務工作踏進新世紀》。香港:警察學院,2007,頁 2。

澳門章節

Alderson, J. *Policing Freedom*. Plymouth: Macdonald and Evans, 1979.

Blackburn, A. *Police and Policing in Macau*. (Unpublished thesis). Hong Kong: The University of Hong Kong, 1992.

Brodeur, J. P. *The Policing Web*. Oxford: Oxford University Press, 2010.

Brogden, M. "The Emergence of the Police: the Colonial Dimension". *British Journal of Criminology*, 27(1), 1987, pp.4-14.

Cheng, M. C. & Ng, C. K. "The May-first Rally: Organized by Newly Emerged Civic Groups Composed of Low Skilled Labor". (In Chinese). *Hong Kong Economic Times*, 2 May 2007, A21, Social News.

Eduardo A. Veloso e Matos. *Forças de Segurança de Macau*. Macau: Museum de Macau, 1999, pp.40.

Government Information Bureau. "MSAR Government Denounces Violation of Law during Demonstration". In *Government Information Bureau of the Macau SAR website*, 2 May 2007. URL: http://www.gcs.gov.mo/showNews. php?PageLang=C&DataUcn=25274, access date: 9 July 2007.

Government of Macau SAR, Public Security Police Force. "History, Structure, Organization of CPSP". In *Corpo de Polícia de Segurança Pública website*, 2010. URL: http://www.fsm.gov.mo/psp/eng/ main.html, accessed date: 30 July 2013.

Ho, Lawrence K. K. & Lam, Agnes I. F. "Transformation of Macau Policing: From Portuguese Colony to China's SAR". *Crime, Law and Social Change,* 61(4) (2014), pp.417-437.

Ho, Lawrence Ka-ki & Lam, Agnes I. F. "Policing in Macau: From Portuguese Colony to China's SAR". In O' Reilly & Conor, ed. *Colonial Policing & The Transnational Legacy - The Global Dynamics of Policing across the Lusophone Community*. London: Routledge, 2017.

Hu, F. Y. "Protesters reprimanded in Macau". *South China Morning Post*, 3 May 2007, EDT 1.

Hung, E. & Choi, A. *From Societal to State Corporatism: The Making of the 'Uncivil' Society in Macau*. Paper presented to the Conference 'The Dynamics of Civil Society Coalitions in Asia'. Department of Public and Social Administration, City University of Hong Kong, 10-11 February 2012.

Jayasuriya, Shihan De S., Pankhurst, Richard, ed. *The African Diaspora in the Indian Ocean*. Trenton: Africa World, 2003.

Jim, K. F. "Analyzing the Restructure of Macau Police Forces". In Lu, ed. *The Proceedings of Public Administration in Macau during the Transition Period.* (In Chinese). Macau: Macau University Press, 2000.

Jones, C. & Vagg, J. *Criminal Justice in Hong Kong.* London: Routledge-Cavendish, 2007.

Jornal Cheng Po. "Cheong responded to the May-first gunshot but avoided talking responsibility". (In Chinese). *Jornal Cheng Po,* P04, 13 June 2007.

Jornal San Wa Ou. "The injury from strayed bullets would be properly settled: Secretary for Security Cheong says". (In Chinese). *Jornal San Wa Ou,* page 02, 19 May 2007.

Jornal San Wa Ou. "The underlying reasons for the outbreak of May-first incident". (In Chinese). *Jornal San Wa Ou,* page 03, 28 June 2007.

Judiciary Police of Macau Special Administrative Region of the People's Republic of China. "History". *Polícia Judiciária website.* URL: http://www.pj.gov.mo/New_en/history_en.htm, access date: 13 July 2013.

King, A. "The Administrative Absorption of Politics in Hong Kong". *Asian Survey,* 15(5)(1975), pp.422-439.

Macau Daily. Well-equipped Police Tactical Unit to assume the protection of VIPs in Macau. (In Chinese). *Macau Daily,* 20 April 2006:A01.

Macau SAR Legislative Council. *Exercising the Rights to Petition (Exercicio do direito de peticao).* Macau: Government Printer, 2001.

Macau SAR Legislative Council. *Rights to Assembly and Protests (Direito de Reuniao e de Manifestacao).* Macau: Government Printer, 2012.

Macau SARG (Special Administrative Region Government). "Government organization chart". *Macao SARG Portal website.* URL: http://portal.gov.mo/web/guest/org-chart, access date: 30 July 2013.

Macau Special Administrative Region Administrative and Public Service Bureau. *Report on Human Resources in Public Administration of Macau, 2011.* Macau: Administrative and Public Service Bureau, 2012.

Mendes, C. A. *Portugal, China and the Macau Negotiation, 1986–1999.* Hong Kong: Hong Kong University Press, 2013.

Ng, C. L., & Hao, Y. F., eds. *Blue Book of Macau: Annual Report on Economy and Society of Macau, 2012–13.* (In Chinese). Beijing: Social Sciences Academic Press (China), 2013.

Public Opinion Program, The University of Hong Kong. *Archives of Macau Studies.* URL http://www.hkupop.hku.hk, access date: 25 May 2007.

Public Opinion Program, The University of Hong Kong. *Macau Annual Survey: Rating of Chief Executive Chui Sai On & People's Satisfaction in the Macau SAR Government.* Retrieved from https://www.hkupop.hku.hk, access date: 2017.

Scott, I. "Social Stability and Economic Growth". In L. Newman & I. Scott, eds. *Gaming, Governance and Public Policy in Macao.* Hong Kong: Hong Kong University Press, 2011.

Sinclair, G. *At the End of the Line: Colonial Policing and the Imperial Endgame 1945–80.* Manchester: Manchester University Press, 2006.

South China Morning Post. "Macau must deal with casino boom wealth gap". *South China Morning Post*, 2 May 2007, EDT 14.

Statistics and Census Service, Government of Macao Special Administrative Region. "Latest Statistical Information". *DSEC website.* URL: http://www.dsec.gov.mo/e_index.html, access date: 10 July 2013.

Yu, E. W .Y. "Executive-legislature Relationships and the Development of Public Policy". In L. Newman & I. Scott, eds. *Gaming, Governance and Public Policy in Macao.* Hong Kong: Hong Kong University Press, 2011.

Yu, E. W. Y. & Chin, N. K. M. "The Political Opposition and Democracy in Macao: Revolutionaries or Loyalists?" *Government and Opposition,* 47(1) (2012), pp.97-116.

文德泉（Monsignor Manuel Teixeir）著，軍波譯：〈阿爾諾索伯爵筆下的澳門〉，《文化雜誌》（中文版），第 7-8 期（1989），頁 63。

太陽報：〈治安警不滿薪低 10・1 擬按章工作 濠江掀警政風暴〉，《太陽報》網頁版，2003 年 9 月 27 日，檢自 http://the-sun.on.cc/channels/news/20030927/20030927023212_0001.html。

吳志良：《生存之道論澳門政治制度與政治發展》。澳門，中國：澳門成人教育會出版，1998。

東方日報：〈澳門亂象：公僕士氣低屢爆管治問題　荷官薪高人才投賭業〉，《東方日報》網頁版，2017 年 12 月 11 日，檢自 http://hk.on.cc/hk/bkn/cnt/news/20171211/bkn-20171211000144469-1211_00822_001.html。

東方日報：〈澳門消息：公職人員流失率勁　議員斥政府懶理〉，《東方日報》網頁版，2018 年 5 月 12 日，檢自 http://hk.on.cc/hk/bkn/cnt/news/20180512/bkn-20180512132339476-0512_00822_001.html。

林玉鳳、何家騏：〈澳門警政：從葡萄牙殖民地到澳門特別行政區〉，《中央警察大學學報 (Journal of Central Police University)》，51（2014），頁 101-123。

施白蒂（Beatriz Basto da Silva）著，小雨譯：《澳門編年史：16-18 世紀》。澳門，中國：澳門基金會，1995，頁 84。

柳智毅：〈2010-2011 年度澳門經濟發展運行情況總觀察〉，載郝雨凡、吳志良編：《澳門藍皮書：澳門經濟社會發展報告 2011-2012》。北京，社會科學文獻出版社，2012，頁 80-99。

孫家雄：〈經濟結構轉型下，政府如何保障失業工人的生活〉，載程惕潔主編：《澳門人文社會科學研究文選・社會卷》。北京：社會科學文獻出版社，2009，頁 132。

桑賈伊・蘇拉瑪尼亞姆（Sanjay Subrahmanyam）著，何吉賢譯：《葡萄牙帝國在亞洲：1500-1700》。澳門，中國：紀念葡萄牙發現事業澳門地區委員會，1997，頁 264-268。

湯開建：《澳門開埠初期史研究》。北京，中國：中華書局，1999。

湯開建：《天朝異化之角：16 — 19 世紀西洋文明在澳門》（下卷）。廣州，中國：暨南大學出版社，2016，頁 436。

新華澳報：〈實現警方本地化的必由之路〉，《新華澳報》，1990 年 10 月 17 日。

新華澳報：〈葛多華傳退休與警官本地化〉，《新華澳報》，1990 年 10 月 25 日。

葡萄牙政府：〈HISTÓRIA DA GUARDA NACIONAL REPUBLICANA（共和國國家衛隊歷史）〉，檢自 http://www.gnr.pt/historiagnr.aspx，瀏覽日期：2018。

澳門力報：〈神又係佢鬼又係佢！勞工局打擊黑工零效率〉，《澳門力報》網頁版，2016 年 10 月 25 日，檢自 http://www.exmoo.com/article/20415.html。

澳門力報：〈鳴槍警員恢復前線工作，治安警將配備胡椒噴霧〉，《澳門力報》網頁版，2019 年 1 月 17 日，檢自 https://www.exmoo.com/article/93083.html。

澳門日報：〈司警署重組提案交立法會，多名葡人來澳加入領導層〉，《澳門日報》，1989 年 4 月 18 日。

澳門日報：〈政府著手檢討五大法典〉，《澳門日報》，2005 年 11 月 24 日。

澳門日報：〈保安司肯定警隊工作　保安司的聲明，團體發聲明譴責滋事者〉，《澳門日報》，2007 年 5 月 3 日。

澳門司法警察局：〈歷史〉，澳門司法警察局網頁，檢自 http://www.pj.gov.mo/Web//Policia/history.html，瀏覽日期：2018。

澳門治安警察局：〈歷史發展〉，澳門治安警察局網頁，檢自 https://www.fsm.gov.mo/por/history/history.aspx，瀏覽日期：2018。

澳門政府：《澳門政府公報》（1976），澳門政府印務局網站，檢自 https://bo.io.gov.mo/bo/i/76/04/bo04_cn.asp?mobile=1。

澳門保安政務司辦公室：《澳門保安部隊》(Forcas de Seguranca de Macau)，澳門保安政務司辦公室，1999。

澳門特別行政區立法會：〈辯論保安領域 2012 年度施政方針政策〉，《澳門立法會會刊》，第一組第 4(60) 期，2011 年 11 月 28 日，頁 1-62。

澳門特別行政區印務局：澳門特別行政區第 7/2018 號《海域管理綱要法》，2018，檢自 https://bo.io.gov.mo/bo/i/2018/30/lei07_cn.asp。

澳門特別行政區治安警察局：《治安警察局年報》，2017，檢自 http://www.fsm.gov.mo/psp/cht/psp_top3_Y.html。

澳門特別行政區新聞局：〈保安司肯定警隊工作〉，澳門特別行政區新聞局，2007 年 5 月 2 日，檢自 https://www.gcs.gov.mo/showNews.php?DataUcn=25292。

澳門特別行政區新聞局：〈993 代替 999 嗎？〉，澳門特別行政區新聞局，2009 年 5 月 8 日，檢自 https://www.gcs.gov.mo/showNews.php?DataUcn=37075&PageLang=C。

澳門特別行政區新聞局：〈特區政府對遊行期間出現的嚴重不守法事件表示譴責〉，澳門特別行政區新聞局，2017 年 5 月 2 日，檢自 https://www.gcs.gov.mo/showNews.php?DataUcn=25271。

澳門特別行政區新聞局：〈2018 年首季罪案較同期升 1.7%〉，澳門特別行政區新聞局，2018 年 5 月 28 日，檢自 https://www.gcs.gov.mo/showNews.php?DataUcn=125558&PageLang=C。

薩拉依瓦（J. H. Saraiva）著，李均報、王全禮合譯：《葡萄牙簡史》。河北，中國：花山文藝出版社，1994，頁 107-111。

蘋果日報：〈2007 年澳門勞工遊行警員向天開槍流彈誤傷途人〉，《蘋果日報》網頁版，2015 年 5 月 1 日，檢自 https://hk.news.appledaily.com/local/realtime/article/20150501/53664667。

香港及澳門章節

Ho, Lawrence K. K. "Policing in Hong Kong and Macau: Transformations from the Colonial to Special Administrative Region". In Campbell, J. & Miller, V., ed. *Transnational Penal Cultures: New Perspectives on Discipline, Punishment and Desistance.* London: Routledge, 2014.

Jaschke et al. *Perspectives of Police Science in Europe.* Budapest, Hungary: European Police College, 2007, p.3.

Manning, Peter. *Democratic Policing in a Changing World.* NewYork: Routledge, 2010.

附錄

附錄一：香港警隊的階級演變

職級	歷史變化
警務處長 (Commissioner of Police)	此職級稱銜經歷幾次變化。 1841 年至 1844 年： 警察裁判司 (Chief of Police Captain) 1844 年至 1928 年： 警察總監 (Captain Superintendent of Police) 1929 年至 1938 年： 警察司 (Inspector General of Police) 1938 年至今： 警務處長 (Commissioner of Police)
副處長 (Deputy Commissioner of Police)	

（續上表）

職級	歷史變化
高級助理處長 (Senior Assistant Commissioner of Police)	
助理處長 (Assistant Commissioner of Police)	
總警司 (Chief Superintendent of Police)	
高級警司 (Senior Superintendent of Police)	
警司 (Superintendent of Police)	於 1972 年，警隊重整架構，取消警司以下「助理警司 (Assistant Superintendent of Police)」一級。
總督察 (Chief Inspector of Police)	俗稱「三粒花」。
高級督察 (Senior Inspector of Police)	俗稱「兩粒一槓」，但香港市民口語稱作「兩粒一『辦』（粵音：baan3）」。於 1971 年 4 月以前，督察要經過內部競爭才能晉升 (promoted) 為高級督察。但此後，警隊改制，以年資與表現作為高級督察任命標準。凡服務滿五年，表現令處方滿意，而且通過考試之督察，即能自動提升為 (advanced) 高級督察。
督察 (Inspector of Police)	俗稱「幫辦」。1958 年以前入職的督察，皆先被委任為副督察 (Sub-inspector)，成功通過兩年試用期後，方正式成為督察。 1958 年至 1960 年間，副督察一職仍保留作為過渡，已入職之副督察沿用此種制度，而新聘入職的官佐級人員則皆成為見習督察。
見習督察 (Probationary Inspector of Police)	
警署警長 (Station Sergeant)	俗稱「時沙」，為 1972 年改制時新設之職級。

(續上表)

職級	歷史變化
警長 (Sergeant)	俗稱「沙展」。於 1972 年改制以前，警長以上尚設有高級警長（Staff Sergeant II）和甲級警長（Staff Sergeant I）職級，由於制服上掛有紅肩帶，故俗稱「新郎哥」。
高級警員 (Senior Police Constable)	1972 年改制以前，警員會晉升 (promoted) 為警目 (Corporal)。改制取消了警目職級，直接升任警長。直至七十年代末期，警隊才新加插以年資與表現來提升 (advanced) 的高級警員一職於中間。
警員 (Police Constable)	1971 年起，落實男女警察同工同酬，不再分開編制。

附錄二：戰後初期及現時香港警員招募程序的比較

	五十年代的入職試	現時的入職試
投考資格	小學程度	香港中學文憑試 五科第 2 級或以上 （包括中文及英文）
報名地點	1945-47：赤柱聖士提反學校 1947-48：太子道（現旺角警署附近）油麻地東方街青年會警察招募處 1948 後：指定的分區警署	2002 前：金鐘警察招募中心 2002 後：網上申請
面試程序	第一階段 過大竹 —— 度高 檢閱篩選	第一階段 初試：兩位主考
	第二階段 筆試 —— 中文讀默	第二階段 體能測試
	沒有第三階段	第三階段 第二次面試：三位主考 主要問及投考者對時事及警務工作的認識
體能測試	沒有	有
品格審查	要求兩僱主作「舖保」 不能與內地有政治聯繫	兩位諮詢人 不能與非法組織有聯繫
受訓期	起初三個月，及後加長至六個月	六個月
受訓地點	和平後至 1948 年前：油麻地東方街警察招募處及訓練營 1948 年後：香港仔黃竹坑警察訓練學校	香港仔黃竹坑警察訓練學校

附錄三：1927 年香港警隊不同國籍警員的數目

代號	人員的種類	年度平均數目
A	歐籍警員	246
B	印度籍警員	753
C	中國廣東籍警員	600
D	中國山東籍警員	216
W	水警（包括機械人員）	230

附錄四:香港警隊在十九世紀及二十世紀初不同國籍的人員

	1867	1881	1908	1927	1946
歐籍警員	89	103	131	246	377
印度籍警員	377	194	410	753	325
中國廣東籍警員	132	351	501	600	1630
中國山東籍警員	-	-	-	216	305

附錄五：香港後備／輔助警察組織的轉變

年份	制度的轉變
1914 — 1917	成立香港特別後備警察隊 (Hong Kong Special Police Reserve)
1917 — 1919	改名成為香港後備警察 (Hong Kong Police Reserve)
1927	重組香港後備警察隊 (Hong Kong Police Reserve)
1941	成立香港特別警察隊 (Hong Kong Special Police Constabulary)
1945	二次大戰後兩支後備警隊恢復職務
1951	港府頒佈強迫服役條例 (Compulsory Service Ordinance)，規定英籍港人必須加入特別警察隊服務
1959	兩支後備警隊二合為一，成為香港輔助警察 (Hong Kong Auxiliary Police)，所有輔警轉為受薪兼職性質
1969	英女皇賜予皇家的稱號予香港輔助警察，改名為皇家香港輔助警察 (Royal Hong Kong Auxiliary Police)

	整體滿意度			受訪人數	與警務工作相關的滿意度			受訪人數
	非常不滿意與不滿意	普通	非常滿意與滿意		非常不滿意與不滿意	普通	非常滿意與滿意	
2011年	0.33+4.46%共4.79%	57.36%	1.32+35.87%共37.19%	605人	0+4.44%共4.44%	33.33%	6.67+55.56%共62.23%	45人
	2+27人共29人	347人	8+217人共225人		0+2人共2人	15人	3+25人共28人	
2013年	1.17+6.15%共7.32%	46.39%	4.39+41.7%共46.09%	1024人	3.74+7.45%共11.19%	39.25%	8.41+41.12%共49.53%	107人
	12+63人共75人	475人	45+427人共472人		4+8人共12人	42人	9+44人共53人	
2014年	0.49+5.20%共5.69%	37.45%	7.75+49.12&共56.87%	1020人	1.79+3.57%共5.36%	21.43%	12.5+60.71%共73.21%	112人
	5+53人共58人	382人	79+501人共580人		2+4人共6	24人	14+68人共82人	
2015年	0.39+5.74%共6.13%	40.95%	6.71+46.21%共52.92%	1028人	1.75+3.51%共5.26%	50.88%	5.26+38.6%共43.86%	114人
	4+59人共63人	421人	69+475人共544人		2+4人共6人	58人	6+44人共50人	
2016年	0.78+5.66%共6.44%	36.82%	9.77+46.58%共56.35%	1024人	0.85+5.13%共5.98%	35.04%	9.4+49.57%共58.97%	117人
	8+58人共66人	377人	100+477人共577人		1+6人共7人	41人	11+58人共69人	

附錄七：1990 年代起澳門警隊編制及薪金的調整

1995 至 2018 治安警察編制調整事項

年份	澳門法令編號	編制調整事項	針對事務
1995	第 3/95/M 號法令	重組治安警察廳組織結構	就澳門政治及社會變化，重新制定治安警察廳規章，並檢視重組組織架構；同時，亦指出編制的改革超出所料之發展速度，故是次改動後，編制的變動在往後都不會太大。編制於警司以上再設總警司（一般男性），唯當局強調此職位出缺時即予以註銷。而當時的組織部門有：a) 指揮部及指揮機關、b) 資源管理廳、c) 情報廳、d) 行動廳、e) 出入境事務局、f) 交通廳、g) 澳門警務廳、h) 海島市警務廳、i) 特警隊、j) 指揮部輔助部門、k) 警察學校，以及 l) 樂隊。 其時總編制共 3,872 人。
1997	第 51/97/M 號法令	修改 12 月 30 日第 66/94/M 號法令所核准之澳門保安部隊軍事化人員通則，以及水警稽查隊及治安警察廳軍事化人員基礎職程之編制	修改軍事化人員組織的通則，同時，就晉升制度提出修改，並為組織本地化作出準備。 其時總編制共 3,270 人。

年份	澳門法令編號	編制調整事項	針對事務
2001	第 22/2001 號行政法規	核准治安警察局的組織與運作	在回歸後，正式重新整頓治安警察局的部門架構及編制組織，並根據社會狀況的不同，訂定規章。組織架構與 97 年者大致相約，詳見如下：（一）指揮部及指揮機關、（二）資源管理廳、（三）情報廳、（四）行動廳、（五）出入境事務廳、（六）交通廳、（七）澳門警務廳、（八）海島警務廳、（九）特警隊、（十）指揮部輔助暨服務處、（十一）警察學校，以及（十二）樂隊。新編制於警司職級以上再設總警司（一般男性），唯當局強調此職位出缺時即予以註銷；在職位名稱上，警員分為一等警員與警員，高級警員改稱為首席警員；取消了男女性分開表示的方式，將男女性警務人員合併計算。 其時總編制共 5,638 人。
2005	第 2/2005 號法律	統一男女職程	將男女性警務人員的晉升階梯統一籌辦。
	第 7/2005 號行政法規	替代治安警察局及消防局人員編制	修改治安警察局的編制，在人數上有所改動，職級上只見取消了一等警員的職位及更改首席警員職位名稱為高級警員。基礎職程人員大幅下跌近千人。 其時總編制共 3,874 人。
2007	第 19/2007 號行政法規	取代治安警察局及消防局人員編制	修改治安警察局的編制，在人數上有所改動，基礎職程人員有明顯增加，增加千名人員。 其時總編制共 5,120 人。
2008	第 8/2008 號行政法規	調整保安部隊及保安部門人員編制	在整體人數上治安警察局的編制並沒有變動，是次調整是對基礎職程的職位名稱及職位分層再次作出變更。 其時總編制共 4,980 人。

(續上表)

年份	澳門法令編號	編制調整事項	針對事務
2016	第 8/2016 號行政命令	修改治安警察局人員編制	治安警察局的編制擴張,在人數上有所改動,基礎職程人員有特別明顯的增加。 其時總編制共 5,336 人。
2017	第 102/2017 號行政命令	修改治安警察局人員編制	治安警察局的編制擴張,在人數上有所改動,基礎職程人員有特別明顯的增加。於 16 及 17 年的擴充是連續兩年的,可見當局在近年積極快速地擴張。 其時總編制達 5,638 人。

1999 至 2018 司法警察編制調整事項

年份	澳門法令編號	編制調整事項	針對事務
1999	第 26/99/M 號法令	訂定司警人員職程的特別制度	司警人員訓練及晉升的法制規定。
	第 37/99/M 號法令	訂定督察級別人員的受訓時數	督察級別人員的晉升階梯及所需受訓時數。
	第 47/99/M 號法令	以編制外合同或散位合同方式任用之人員轉入司法警察司編制內	將原本以合約聘用之助理刑事偵查員及司機警員收入編制之內,並以助理刑事偵查員職程繼續聘用。
2001	第 23/2001 號行政法規	取締 1998 年之編制組成	修改司法警察局人員編制,總人數共 572 人。

(續上表)

年份	澳門法令編號	編制調整事項	針對事務
2006	第 9/ 2006 號行政法規	取締 2001 年之編制組成；並重新訂明司法警察局的組織架構	修改司法警察局人員編制，總人數達 1,356 人。 司法警察局的組織架構更改為：刑事調查廳、博彩及經濟罪案調查廳、情報及支援廳、刑事技術廳、資訊及電訊協調廳、管理及計劃廳、司法警察學校，以及國際刑警組織中國國家中心局澳門支局。
2008	第 8/2008 號行政法規	調整保安部隊及保安部門人員編制	修改司法警察局人員編制，新編制最明顯兩處是：將領導及主管組別分作兩部分，以處長及科長級別作為一組，更高職級人員作為另一組；以及資訊人員職程更明確成為獨立一組職程。總人數縮減至 854 人。
2010	第 22/2010 號行政命令	取締 2008 年的司法警察局的人員編制	修改司法警察局人員編制，重新將資訊人員職程簡化，作為只有一個職程的資訊助理技術員。總人數為 853 人。
	第 20/2010 號行政法規	修改第 22/2010 號行政命令中司法警察局的組織及運作	取締修改第 22/2010 號行政命令頒佈的編制組織，刑事偵查員組別中刑事偵查員人數大副上升 350 人，編制總人數達 1,356 人。

附錄八：澳門回歸後治安警察局推出的社區警政項目

	社區保安 工作宣傳	社區警民 關係強化	軟性警務 形象建立	社區保安 意識建立
解說	此項主要推廣保安意識，會就當時多發罪案向市民宣傳。亦有固定的公共秩序推廣，如幼童交通安全意識教育。	此項主要強化社區警民互動，多為警民正式座談與輕鬆同樂的活動，如運動聯賽、參觀互訪、嘉年華等等。	此項目在於集中建立警務溫和親民形象，從而影響警民關係，例如樂隊表演、少年警訊、優質服務推行等等。	此項目在於警方用不同機制及行動，在社區培養保安意識，例如有警‧校聯絡機制、社區警務聯絡機制、交通安全意識培育等等。
2000 年	17	29	27	17
2001 年	19	50	50	18
2002 年	20	31	31	60

由 2003 年始，治安警察局公開資料中，整合其社區警政活動，以專項項目取代大量數字。因此下列數字為該類警政項目的種類數目，並非進行過的活動總數字。

2003 年	3	10	9	7
2004 年	5	9	8	11
2005 年	5	10	9	9
2006 年	5	10	9	9
2007 年	5	8	4	6
2008 年	5	10	10	7
2009 年	4	9	9	6
2010 年	7	11	10	8
2011 年	7	11	10	9

(續上表)

	社區保安 工作宣傳	社區警民 關係強化	軟性警務 形象建立	社區保安 意識建立
2012 年	8	11	8	7
2013 年	7	15	7	10
2014 年	6	18	8	11
2015 年	9	16	6	11
2016 年	7	16	7	13
2017 年	7	16	10	14

附錄九：澳門警務人員薪金演變

治安警察回歸後薪金演變（非每年均有記錄在表內）

	1999	2005	2008	2011	2012	2013	2014	2018
警務總長	$38,500	$43,050	$48,380 $51,330	$50,840 $53,940	$57,420 $60,720	$60,900 $64,400	$64,380 $68,080	$76,560 $80,960
副警務總長	$35,000	$39,375	$44,250 $47,200	$46,500 $49,600	$52,800 $56,100	$56,000 $59,500	$59,200 $62,900	$70,400 $74,800
警司	$32,500	$36,750	$38,350 $41,300	$43,400 $45,880	$49,500 $52,140	$52,500 $55,300	$55,500 $58,460	$66,000 $69,520
副警司	$27,000 $28,250	$30,975 $32,288	$34,810 $38,350	$36,580 $40,300	$42,240 $46,200	$44,800 $49,000	$47,360 $51,800	$56,320 $61,600
警長	$18,500 $20,750	$22,050 $24,413	$28,320 $34,810	$29,760 $36,580	$34,980 $42,240	$37,100 $44,800	$39,220 $47,360	$46,640 $56,320
副警長	$14,000 $16,500	$17,588 $19,950	$25,370 $27,730	$26,660 $29,140	$31,680 $34,320	$33,600 $36,400	$35,520 $38,480	$42,240 $45,760
首席警員	N/A	N/A	$23,010 $24,780	$24,180 $26,040	$29,040 $31,020	$30,800 $32,900	$32,560 $34,780	$38,720 $41,360
一等警員 / 高級警員	$11,000 $13,000	$14,175 $16,275	$20,650 $22,420	$21,700 $23,560	$26,400 $28,380	$28,000 $30,100	$29,600 $31,820	$35,200 $37,840
警員	$9,000 $10,500	$12,075 $13,650	$18,290 $20,060	$19,220 $21,080	$23,760 $25,740	$25,200 $27,300	$26,640 $28,860	$31,680 $34,320

備註：
I. 表內薪金數字，上者為最低職階薪金，下者為職級內最高職階之薪金，有底線者經四捨五入至整數。薪金由當年實際薪俸點及每點等同之澳門元計算。
II. 由於治安警察局基礎職程中，高級警員、一等警員以及首席警員經歷多次改動，所以若該年沒有該職級，則會以 N/A 表示。1999 年及 2005 年，當局設高級警員，其後設一等警員及首席警員兩個職級。

司法警察局刑事偵查員回歸後薪金演變（非每年均有記錄在表內）

	1999	2008	2011	2012	2013	2014	2018
一等督察	$38,500 $41,000	$45,430 $48,380	$47,740 $50,840	$54,120 $57,420	$57,400 $60,900	$60,680 $64,380	$72,160 $76,560
二等督察	$32,500 $37,500	$38,350 $44,250	$40,300 $46,500	$46,200 $52,800	$49,000 $56,000	$51,800 $59,200	$61,600 $70,400
副督察	$28,500 $31,000	$33,630 $36,580	$35,340 $38,440	$40,920 $44,220	$43,400 $46,900	$45,880 $49,580	$54,560 $58,960
實習督察	$24,500	$28,910	$30,380	$35,640	$37,800	$39,960	$47,520
首席偵查員	$24,500 $27,500	$28,910 $32,450	$30,380 $34,100	$35,640 $39,600	$37,800 $42,000	$39,960 $44,400	$47,520 $52,800
一等偵查員	$20,500 $23,500	$24,190 $27,730	$25,420 $29,140	$30,360 $34,320	$32,200 $36,400	$34,040 $38,480	$40,480 $45,760
二等偵查員	$16,500 $19,500	$19,470 $23,010	$20,460 $24,180	$25,080 $29,040	$26,600 $30,800	$28,120 $32,560	$33,440 $38,720
實習偵查員	$15,000	$17,700	$18,600	$23,100	$24,500	$25,900	$30,800

備註：

1. 表內薪金數字，上者為最低職階薪金，下者為職級內最高職階之薪金。薪金由當年實際薪俸點及每點等同之澳門元計算。

三十年代澳門軍隊合影。

國境邊陲的治安與秩序：
港澳警政比較

何家騏　林玉鳳 _____ 著

責任編輯	郭子晴
裝幀設計	Sands Design Workshop
印　務	劉漢舉

出版　　中華書局（香港）有限公司
　　　　香港北角英皇道四九九號北角工業大廈一樓 B
　　　　電話: (852) 2137 2338　傳真: (852) 2713 8202
　　　　電子郵件：info@chunghwabook.com.hk
　　　　網址：http://www.chunghwabook.com.hk

發行　　香港聯合書刊物流有限公司
　　　　香港新界大埔汀麗路三十六號
　　　　中華商務印刷大廈三字樓
　　　　電話: (852) 2150 2100　傳真: (852) 2407 3062
　　　　電子郵件：info@suplogistics.com.hk

印刷　　美雅印刷製本有限公司
　　　　香港觀塘榮業街六號海濱工業大廈四樓 A 室

版次　　2020 年月 2 初版
　　　　©2020 中華書局（香港）有限公司

規格　　16 開（230mm×170mm）

ISBN　　978-988-8674-96-1

攝　　影

封面西裝照：Ultra Tang

P12, 14, 16, 18, 20, 78-79, 170-171：B Wong

P80：Jim@CStand

P102-104, 118, 120-121：Jackie Wang

P62：黃霑書房

相片提供

藝能製作、環球唱片有限公司、譚詠麟、鍾鎮濤、葉智強、彭健新、陳友、張國忠、簡嘉明、朱耀偉、陳秋霞、何麗全、陳永鎬、陳百祥、馮添枝、嚴勵行、Mona

書　　名　　溫拿 50

策　　劃　　藝能製作

作　　者　　簡嘉明

統　　籌　　Razzie Lam、Winnie Poon

責任編輯　　寧礎鋒

書籍設計　　Kaceyellow

封面「溫拿」題字　　鍾鎮濤

出　　版

三聯書店（香港）有限公司

香港北角英皇道四九九號北角工業大廈二十樓

Joint Publishing (H.K.) Co., Ltd.

20/F., North Point Industrial Building,

499 King's Road, North Point, Hong Kong

香港發行

香港聯合書刊物流有限公司

香港新界荃灣德士古道二二〇至二四八號十六樓

印　　刷

美雅印刷製本有限公司

香港九龍觀塘榮業街六號四樓 A 室

版　　次

二〇二三年七月香港第一版第一次印刷

二〇二三年八月香港第一版第二次印刷

規　　格

十六開（170mm × 220mm）二〇八面

國際書號

ISBN 978-962-04-5303-8

三聯書店
http://jointpublishing.com

JPBooks.Plus
http://jpbooks.plus

《Evergreen Tree》、《In The Country》

| 舉行「溫拿 33 好時光演唱會」

| 出版專輯《溫拿 33 好時光演唱會 2007》

2011 年

| 舉行「溫拿 38 大躍進演唱會」

| 客串電影《東成西就 2011》
| 出版專輯《樂壇風雲》

2014 年

| 在澳門舉行「溫拿大躍進演唱會」

2015 年

| 於《2015 群星新春大聯歡》演出

2016 年

| 出版專輯《溫拿精神》
| 舉行「Never Say Goodbye 演唱會」

2017 年

| 與太極樂隊首次合辦演唱會「純音樂 LIVE」

2019 年

| 於《2019-2020 湖南衛視跨年演唱會》演出

2022 年

| 於《2022 春晚進行時》演出
| 於《2022 年中央廣播電視總臺春節聯歡晚會》演出

2023 年

| 出版單曲《由始至今》
| 出版單曲《兄弟》
| 出版專輯《Farewell with Love》
| 演出首個網絡視頻節目《五個黑髮的少年》
| 演出《溫拿 50 好時光》電視特輯
| 出版書籍《溫拿 50》
| 出席香港書展 2023「溫拿 50 由始至今」講座
| 宣佈告別，舉行「溫拿情不變 說再見　Farewell With Love 演唱會」

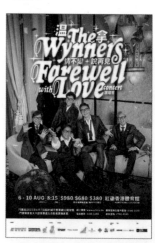

附錄 溫拿歷年大事記

1973 年

| 由前身為 The Loosers 的樂隊改組，正式取名為 The Wynners

1974 年

| 簽約寶麗多唱片公司
| 出版細碟《Sunshine Lover》
| 出版細碟《Sha-La-La-La》
| 出版首張專輯《Listen To Wynners》

1975 年

| 出版專輯《Love And The Other Pieces》
| 出版專輯《Under The Lion Rock》
| 演出電視節目《溫拿周記》
| 演出電視節目《溫拿狂想曲》
| 電影《大家樂》上映

1976 年

| 出版專輯《Same Kind Of Magic》
| 出版專輯《The Wynners' Special TV Hits 75-76》
| 電影《溫拿與教叔》上映

1977 年

| 出版專輯《Making It》
| 出版專輯《面懵心精》

| 與陳秋霞於香港大會堂舉行音樂會

1978 年

| 演出電視特輯《溫拿、秋霞之西部故事》
| 電影《追趕跑跳碰》上映
| 隊員宣佈作個人發展

1981 年

| 電影《鬼馬五福星》上映

1983 年

| 舉行「溫拿五虎十周年紀念演唱會」
| 出版專輯《溫拿十周年紀念集》

1988 年

| 出版專輯《溫拿 88 十五周年紀念》
| 《千載不變》獲「1988 年香港十大中文金曲」
| 獲「1988 年香港十大中文金曲」頒發「金針獎」
| 《千載不變》獲「十大勁歌金曲」及「十大勁歌金曲榮譽大獎」

1992 年

| 出版精選專輯《永遠的記憶》

1993 年

| 舉行「溫拿 20 周年演唱會」
| 舉行「93 溫拿開開心心 20 周年上海演唱會」

| 電影《廣東五虎之鐵拳無敵孫中山》
| 出版專輯《小島夢》

1998 年

| 舉行「溫拿廿五年自然關係演唱會」

| 出版專輯《溫拿拉闊音樂 Music Is Live》
| 出版專輯《最好關係》
| 出版精選專輯《真情廿五年》

2007 年

| 出版歌曲《Stars On 33》、